CROQUIS ÉGYPTIENS

DU MÊME AUTEUR :

DE L'ORGANISATION DES CIRCONSCRIPTIONS ÉLECTORALES en France (Grenoble, 1874). . . . . . 1 vol.

LE NOUVEAU REICHSTAG ALLEMAND pour la période législative 1887-1890. Notes biographiques sur tous les députés allemands (Dentu 1887). . . . . 1 —

SOUS PRESSE

Pour paraître prochainement :

JUGÉ PAR L'ENNEMI. Le général Boulanger, dix-sept mois de ministère. La loi organique (Dentu 1887). 1 —

Imprimerie de Poissy. — S. Lejay et Cie.

S. DE CHONSKI

RÉDACTEUR-DIRECTEUR DU SERVICE DES AFFAIRES ÉTRANGÈRES
AU JOURNAL « LE CONSTITUTIONNEL »

CROQUIS ÉGYPTIENS

LE PAYS ET LE PEUPLE
L'INSTRUCTION PUBLIQUE — LA JUSTICE
LES FINANCES
ARABI ET LE MAHDI — L'AFFAIRE DU BOSPHORE
CONVENTION ANGLO-TURQUE — CONCLUSIONS

PARIS
DENTU & Cie, ÉDITEURS
LIBRAIRE DE LA SOCIÉTÉ DES GENS DE LETTRES
PALAIS-ROYAL, 15-17-19, GALERIE D'ORLÉANS
ET 3 PLACE VALOIS

1887

CROQUIS ÉGYPTIENS

I

LE PAYS ET LE PEUPLE

Erreurs optiques. — Aspect général. — Fertilité surfaite. — Prospérité et décadence. — Le Nil. — Les Invasions. — Influence de l'Islamisme. — Le petit peuple. — Tous agriculteurs. — Question de couleurs. — A quel Egyptien l'Egypte ?

Nous sommes sujets, en France, à un singulier phénomène d'optique : plus une contrée se trouve rapprochée de nous, plus elle nous apparaît sous un faux jour, et, si notre examen se prolonge, notre erreur prend, sans peine, des proportions gigantesques.

Nos idées générales sur l'Egypte offrent un exemple frappant de ce travers de jugement. Il y a peu de pays dont on ait tant parlé, tant écrit, et, néanmoins, sur les événements les plus simples, dont la terre des khédives est journellement le théâtre, des énormités s'impriment dans les organes les plus autorisés de la presse française et s'accréditent sans discussion dans l'opinion publique.

D'un autre côté, peu de lecteurs daignent se donner la peine d'étudier et de rétablir dans leur entière vérité des faits aperçus à travers le prisme de nos préjugés, où, au milieu des émotions d'un chauvinisme presque toujours mal entendu.

Nos errements tiennent en effet à des raisons multiples.

Peu habitués à voyager, dès qu'il faut affronter quatre ou cinq jours de traversée, nous préférons juger les peuples voisins d'après nous-mêmes.

C'est généralement un honneur que nous leur accordons, mais nous devrions pourtant admettre que des races, absolument différentes de la grande famille latine, peuvent avoir le mauvais goût de ne pas penser, de ne pas vivre, de ne pas agir, ainsi que nous le faisons nous-mêmes.

Puis, en fait d'histoire, nous aimons à nous en tenir aux données recueillies distraitement sur les bancs de l'école ou dans les lectures hâtives de notre existence fiévreuse ; notre connaissance des pays étrangers, même les plus voisins, se bornent donc, pour beaucoup d'entre nous, aux..... banalités des guides des voyageurs.

Enfin, tous les écrivains qui se sont aventurés en Egypte étaient, soit des savants, soit des fantaisistes.

Les égyptologues ont déchiffré les rébus hiéroglyphiques, ils les ont commentés et même — au besoin — inventés, mais ils ont toujours eu soin de se tenir hors de la portée des profanes.

Les fantaisistes, poètes pour la plupart, ou romanciers, ont créé un Orient spécial qui existe seulement dans leur imagination surchauffée par un soleil ardent, hantée par des visions légères de houris ou d'almées.

Quant aux diplomates et aux journalistes, ils appartiennent à un clan plus terre à terre, et, nous décrivent le pays en partant d'une opinion faite d'avance, en suivant une ligne de conduite toute tracée par les obligations diplomatiques ou par les exigences du journal.

Nos croquis n'auront qu'une prétention, et, si ce n'est pas trop dire — un mérite — celui de la vérité.

Avec la plus grande impartialité, nous nous attacherons simplement à essayer de détruire les absurdes fantaisies qui, à force d'avoir été ressassées, ont pris les allures d'axiomes incontestables.

Ni poètes ou savants : ni optimistes ou pessimistes, — vrais.

« Pas de pays plus riche que l'Egypte !! Pas de peuple plus indolent que l'Egyptien !! » se sont écriés tous les publicistes — ou presque tous — avec une entente d'autant plus touchante, qu'elle est plus rare.

Les deux qualificatifs sont complètement erronés. Pour s'en apercevoir, et bientôt s'en convaincre, il suffit au voyageur, le moins enclin à l'observation, de monter dans un wagon du chemin de fer — allemand, mais confortable — qui fait le service entre Alexandrie et le Caire.

Il y a deux panoramas bien distincts, bien différents l'un de l'autre : celui du Delta, et celui de la moyenne Egypte.

D'abord, à perte de vue, des champs verts sous l'enchevêtrement des canaux.

Près de la voie ferrée; ici, une mosquée au dôme en moitié d'orange; là, une cheminée de haut-fourneau ; plus loin une sakièh qui, en grinçant, élève l'eau nécessaire à l'arrosage; partout dans la verdure, un fourmillement d'hommes, de femmes, d'enfants qui défrichent, ensemencent, arrosent, moissonnent.

Un jour d'interruption dans ce labeur infernal, c'est la gerbe qui jaunit,.... brûlée : c'est le champ qui se crevasse,.... desséché !

Dans le lointain....... le reflet gris-bleuté d'un grand lac !

Cette Egypte-là est fertile ; mais, au prix de combien d'efforts, de difficultés, d'alternatives et d'inquiétudes ! Brûlé par une chaleur torride, sans un moment de sieste, il faut que le paysan lutte perpétuellement pour le pain quotidien.

A la ville, c'est le même tableau.

Un fouillis d'hommes, de femmes, d'enfants se livrant à tous les petits commerces des rues.

Fruits, légumes, arachides grillées passent et repassent dans les éventaires, en équilibre sur la tête des marchands.

Des gamins suivent et pressent en courant leurs ânes loués pour plusieurs heures.

Dans la maison en construction, le père de famille utilise tous les bras de sa smala.

Dans les fabriques, jamais les machines ne s'arrêtent, et, pour un salaire infime, les équipes d'ouvriers se succèdent en se partageant les vingt-quatre heures du jour.

Voilà cependant le peuple auquel nous avons fait un renom d'indolence.

Poursuivons notre excursion.

Nous avons dépassé Tantah, où des foires colossales amènent deux fois par an, et par centaines de mille, tous les petits commerçants du pays.

Le Caire apparaît ! et, déjà sur l'horizon immense se détache une ligne jaunâtre : c'est le désert, le sable, le néant.

Plus d'eau !

Rien ne pousse, que quelques racines rabougries de tamarins rampant sur la poussière.

Plus de culture !

Rien ne subsiste, que les rares bouquets de palmiers desséchés sur pieds.

A l'infini s'étend, désolé, presque lugubre, l'océan d'ocre, où les pieds des chameaux enfoncent comme embourbés, et, sur lequel surgissent les traingles inégaux des Pyramides, témoins muets d'un temps préhistorique, où ce sable a dû être cultivé, couvert d'une population énorme, qui a pu seule arriver à entasser les blocs gigantesques du tombeau de Képhren.

A partir du Caire, aussi loin que nous remonterons vers le centre de l'Afrique, aussi loin que s'étendra l'Egypte, bien au-delà de Wadi-Halfa, — cette frontière scientifique inventée par l'Angleterre, car de borne naturelle au sud, le pays n'en a pas, — le tableau sera le même.

La frontière naturelle, ce n'est en effet, ni Berber, ni Korosko, c'est la ligne au delà de laquelle la barbarie et le désert défendent aux percepteurs de taxes de pénétrer.

Aussi haut qu'on voudra s'aventurer, l'aspect général du pays, c'est le panorama que tous les touristes vont admirer de Hélouan, — cet Enghien des Cairotes.

Deux énormes nappes de sable jaune s'allongent, coupées par un filet étincelant, — le Nil — que bordent deux étroits liserés d'un vert sombre — les terres cultivées.

Voilà le pays dont la fertilité est si vantée par les faiseurs de rapports officiels : deux bordures verdoyantes et le Fayoum, — un point vert, — dans la poussière aveuglante du désert.

Certes, aux temps bibliques, où la vénétable aïeule de l'humanité — comme dit Charles Edmond — était à la fois la nourrice intellectuelle du genre humain et son grenier d'abondance, le Fleuve-Dieu mesurait moins parcimonieusement ses bienfaits.

En effet, puisqu'il est, chimiquement parlant, démontré que le limon du Nil est moins fertile que nos terres de la Beauce, il faut supposer, avec M. Jacquet, ingénieur de grand mérite, que la crue inondait une surface de terrain beaucoup plus étendue. Dans la suite des siècles, les couches superposées de limon ont exhaussé le sol, et formé ainsi une digue naturelle contre l'envahissement périodique des eaux, en rétrécissant l'espace cultivé.

Cette cause physique et permanente de décroissement de prospérité s'aggrave chaque jour de toutes les causes accidentelles.

Les semences qui, dans les meilleurs années, germent jusqu'à trois fois, donnent quelquefois une récolte unique ; encore si elle était bonne ?

Le Nil tient le sort du pays dans ses flots. Une crue trop forte ou trop faible, en retard ou en avance, et c'est la disette, l'épidémie.

Une digue rompue, et aussitôt, c'est la terre salée, des villages entiers non seulement ruinés, mais encore des populations vouées à la mort certaine par la privation complète d'eau potable.

L'année dernière, dans les environs de Damiette, il nous souvient qu'à la suite d'un pareil accident, le gouvernement s'est vu obligé d'envoyer à des populations assoiffées des wagons d'eau, et cela pendant plusieurs semaines.

Allez donc dire au fellah d'arroser son lopin de champ, s'il n'a pas une goutte d'eau à boire.

L'Egypte, c'est le Nil, a dit Hérodote, qui avec Diodore de Sicile connaissait mieux le pays que ne le connaîtront jamais, hélas! nos agents consulaires ou les hauts commissaires anglais. Le Fleuve-Dieu est la seule divinité qui ne soit pas contestée. Elle a des blasphémateurs, mais pas un sceptique. De même que ce bonze devait primer, sous les Pharaons, l'antique théocratie égyptienne; de même de nos jours il a encore son culte.

Tous les ans, les petits agriculteurs des environs du Caire se portent en foule à la cérémonie du Khalig, que préside le Khédive, ou, à sa place, le président du conseil. Quand la digue de sable est rompue, laissant pénétrer les flots rapides dans le canal qui traverse la ville, c'est le signal d'une allégresse générale, au milieu de laquelle fraternisent toutes les races, toutes les nationalités.

L'eau, c'est le sang du pays.

Si le sol a changé, il semblerait, par contre, que le climat façonne l'habitant sur un gabarit immuable. Cet habitant, à quelque race qu'il appartînt, a toujours en effet été le même, au point de vue du caractère et des mœurs, en dépit des peuples différents qui ont conquis et reconquis une contrée, que, par euphémisme sans doute, un écrivain d'un remarquable talent a nommé le trait-d'union du genre humain.

L'Egypte a toujours été en effet une pomme de discorde jetée entre toutes les nations.

Tentés par la sérénité du ciel, les envahisseurs ont de tous temps convoité ce lambeau de terre.

D'abord les Iksos, ces rois pasteurs qui pillent et détruisent les plus antiques monuments; puis le roi de Touch, c'est-à-dire le Soudan, qui vient jusqu'à la Méditerranée; puis Cambyse et la Perse; puis Alexandre; puis les Ptolémées et Cléopâtre éclairant l'Univers avec le phare d'Alexandrie; puis le Christianisme mutilant les Sphinx;

puis Amrou, le lieutenant du Koran; puis les Croisés et saint Louis; puis les vingt-quatre beys mamlouks et leurs républiques; puis le sultan Sélim et les Turcs; puis Bonaparte et Desaix inscrivant le nom de France sur les pierres de Hathor; puis l'Angleterre après Aboukir; puis de nouveau les Turcs; puis Mohammed-Ali, l'Epirote; puis le condominium anglo-français jusqu'au bombardement, jusqu'aux massacres, jusqu'à l'occupation purement anglaise: enfin l'Italie sur la mer Rouge; et peut-être demain l'internationalité.....

Sous la couche d'étrangers si fréquemment renouvelée, l'habitant autochtone s'est peu à peu trouvé éliminé.

Les débris en sont probablement les Koptes dont les traits rappellent les dessins des sarcophages et dont un ou deux représentants seulement — Wazif-Pacha entre-autres — figurent parmi les hauts fonctionnaires actuels avec une physionomie dorée, un langage antique, une religion à part.

Le seul véritable conquérant a été l'Arabe, mais ainsi que la chose arrive fréquemment, c'est le peuple conquis qui a formé le vainqueur à son image. Le fellah d'aujourd'hui est le même homme que le fellah préhistorique. Le rude travailleur qui à coups de bâton, nourri d'oignons crus, décimé par les maladies, a entassé les pierres des Pyramides, était le frère jumeau du peuple qui, par corvées, a creusé le canal de Suez, qui aujourd'hui bâtit des casernes anglaises.

On dirait que le sol le veut ainsi.

Il tue lentement l'envahisseur et coule en bronze dans le même moule, depuis plus de trois mille ans, la créature utile qui fertilise la terre et l'arrose de sa sueur.

L'Islamisme a encore augmenté cette force de résistance ou d'inertie. Toujours exploité et dépouillé, toujours esclave chez lui, maltraité par les conquérants, rançonné par les étrangers, ruiné par les agents du fisc, le fellah n'a que trois consolations, le Koran, le climat de l'Egypte et sa sobriété merveilleuse.

Dans le Koran, il puise le fatalisme qui lui est si nécessaire ; il apprend ce fameux mot : *Malech ! Ça ne fait rien*, avec lequel il répond à tout. Ce mot sacré, c'est le seul appui qui lui reste dans sa misérable position.

Une voiture attelée d'un cheval fringant renverse un jour, près de l'Esbékièh, une pauvre femme, qui se relève en hurlant mais peu endommagée. Le jeune pacha, paresseusement étendu sur les coussins, ordonne à son cocher d'arrêter. Un rassemblement se forme autour de la blessée et du véhicule, cause involontaire de l'accident. Les policiers indigènes s'informent et parlent doucement à la femme en haillons. Ils la consolent et de leurs paroles réconfortantes, malgré leur brusquerie, une seule se détache : *Malech !*

Le cocher explique aux curieux comment l'accident est survenu.

Deux ânes passaient, il n'a pas vu la femme, mais du moment où elle n'a pas plus de mal : *Malech !* Le jeune pacha intervient et tend quelques piastres à la blessée :

— Eh ! la fille, lui dit-il, assez posé ! Qu'est-ce que tu as à me retenir ici ? *Malech !*

Et la foule ouvre de grands yeux devant la libéralité du propriétaire de la voiture. Un bourriquier conseille la femme :

— Bah ! Rentre chez toi ! *Malech !*

La vieille finit par s'en aller. Tout en boitant un peu, elle regarde d'abord sa chemise couverte de poussière, puis ses piastres et elle murmure *in petto :*

— Malech !

Et ce *Malech* ! ce n'est pas de l'insouciance, c'est la soumission à la destinée, contre laquelle on regimbe en vain. C'est grâce à son fatalisme, que le Koran a pu s'implanter dans un pays où n'a su s'établir ni le monothéisme hébraïque de Moïse, ni le panthéisme grec, ni la Trinité chrétienne.

Mais grâce à l'incessant contact avec les nations occidentales, si le fellah est resté profondément religieux, il s'est affranchi du fanatisme des autres peuples musulmans. La foi est vive mais latente, car la crainte du gendarme et de la *courbach* tempère l'exaltation attisée par la mosquée. Dans les fêtes religieuses, où les pratiques puériles se donnent libre essor, le chrétien peut se mêler sans danger à la foule des vrais croyants. Au départ du Tapis sacré pour La Mecque, on peut sourire des vociférations, des tours d'acrobatie mystique, du Cheïk el Gamel — le père du chameau — campé, torse nu, béatement, en plein soleil, sur le dos de sa bête ; on peut plaisanter les plus fervents sur leur empressement à s'écraser autour des broderies baisées dévotement parce qu'elles recouvriront pendant un an le tombeau du prophète : personne n'est scandalisé.

Il faut donc chercher aux massacres d'Alexandrie, amplifiés en Europe, d'autres causes que la haine du *moslim* contre le *ghiaour*.

Le fellah ne cherche plus dans les pieux versets que la résignation à son sort, et, souvent il la trouve, car le climat et les mœurs lui sont deux précieux auxilaires. Grâce à la température toujours douce, le gite et le vêtement sont presque deux superfluités. Tous les *boabs*, les portiers, les garçons de magasin préfèrent à la chambre de nos domestiques une simple carcasse de sommier en osier, sur laquelle ils s'allongent dans la rue, à la porte de la maison ou de la boutique confiée à leur garde. Leur suprême élégance, c'est une longue chemise bariolée sur un large pantalon et ils n'apprécient du costume européen que les vieux souliers, qui parviennent à leur blesser les pieds, cependant à l'épreuve des cailloux les plus pointus.

D'ailleurs, à quoi bon s'occuper de ces détails de toilette ou de logement. Si la rue leur semble fraîche pendant les nuits d'hiver, la mosquée leur ouvre ses portes et les vagabonds s'y entassent, se réchauffant ainsi au contact les uns des autres. Si la *galabièh* est usée, à la prochaine fête religieuse, très philanthropiquement instituée par Mohammed, la partie riche de la population musulmane vêtira les plus déshérités de la fortune.

Quant à la nourriture quotidienne, ce n'est pas encore une préoccupation, car quelle est la porte du bon musulman qui reste fermée à celui qui a faim — homme ou bête ?

Il est rare qu'un adepte du Koran refuse à la main qui se tend.

Si l'Arabe ignore la signification du mot *service*, qui semble supposer déjà un grand développement de civilisation, — paraît-il — il pratique très largement l'aumône. Et partant de ce principe que la charité honore autant celui qui la fait que celui qui la reçoit, aucune idée infamante ne s'attache à la mendicité sous toutes ses formes. Voilà comment le pourboire, le pot de vin, la *bagtchich*, dont nous faisons des gorges chaudes, s'est infiltré peu à peu dans toutes les classes de la société.

Un fonctionnaire qui reçoit quarante sous pour ne pas ouvrir des malles en douane : cela nous a-t-il paru assez révoltant ?

C'était pourtant une conséquence naturelle des usages musulmans.

Donner est un devoir du plus riche envers le plus pauvre.

Accepter c'est reprendre son dû.

Quant au vagabondage, c'est une forme de l'état nomade, l'état naturel des peuples arabes, mal à l'aise dans les maisons et dans les villes. Le domicile du fellah, c'est, ou la tente de peau de chameau que les Bédouins plantent souvent aux portes des grandes villes, ou les huttes de bouze et de terre glaise qui se dressent à hauteur d'homme autour d'une mare pour former les *gourbis*, ces villages arabes qui se déplacent de façon à déconcerter les statisticiens les plus patients. De la vie dans le désert, l'Egyptien a conservé intacte sa répulsion à réparer les édifices ou les masures qui se lézardent et menacent ruine. Au Caire, dans le quartier arabe, on se garde bien de masquer les crevasses profondes dans les murs pourris. On laisse les maisons s'effriter, se transformer en poussière sur l'emplacement où une maison neuve s'élèvera dès que l'ancienne aura été anéantie par le temps. Cet ainsi qu'autour du Caire se dressent des montagnes de détritus, marquant par une légère élévation du sol la place exacte des cités disparues.

Le Fellah ne tient qu'à son champ.

Il marque à la terre qui le nourrit une reconnaissance insensée. Il naît et meurt sur cette glèbe dont il pétrit les briques de sa hutte, qu'il boit dans son eau ; cet amour du sol nourricier est vivace dans le cœur du gros propriétaire comme dans celui du plus mince fermier. Les hauts fonctionnaires consacrent leurs loisirs à cultiver la pomme de terre ou l'indigo et à faire des essais de culture en grand. Le misérable petit laboureur n'abandonnera son lopin de terre que le jour où le fisc l'expulsera, faute par lui de payer des impôts écrasants. Mais il est capable de tous les sacrifices pour se raccrocher à ce sol, sur lequel il veut mourir à la tâche.

Pour faire face aux exigences des collecteurs de taxes qui demandent jusqu'à cent quarante-cinq piastres d'un champ qui en rapporte cent, il vendra les pauvres bijoux de sa femme, puis le buffle qui tourne la sakièh, quitte à y atteler le fils aîné, puis sa misérable cabane. Quand il n'aura plus rien, il se laissera chasser. Mais alors la haine germera dans son cœur ordinairement doux et enclin à tous les bons sentiments.

Quand l'expulsé s'appelle Mohammed Achmed, il réunit autour de lui les agriculteurs voisins, renvoie les soldats tranformés en officiers ministériels, refuse l'impôt et l'obéissance : peu à peu la rébellion s'étend comme la tache d'huile ; le gouvernement insiste, des troupes entrent en campagne ; elles sont battues et tout le Soudan prend les armes.

Voilà la véritable version sur les causes des difficultés qui maintiennent les red-jackets sur les bords du Nil. Il ne s'agit ici ni de fanatisme religieux, ni d'Islamisme contre Chrétienté, il s'agit tout bonnement d'impôts qu'un fils de charpentier, ignorant mais considéré, ne veut pas payer. Le *Guide* a déclaré qu'il jetterait au Nil chrétiens et musulmans, du moment que la teinte de leurs visages ne serait pas identique à la couleur de sa peau. C'est qu'il a confondu dans une même aversion tous les employés du fisc appuyés par les soldats anglais.

C'était déjà la question de peau qui avait poussé Arabi. Il a été profondément ridicule de faire de ce militaire sans instruction sérieuse le chef d'un prétendu mouvement national. La nation, la patrie n'existe pas sous la forme d'une idée bien définie, dans les cerveaux musulmans.

La patrie, pour le vrai croyant, c'est l'Islam, qui ne se renferme pas dans des limites géographiques.

La foi religieuse sert de nationalité.

Un Français israélite cesse en Orient d'être Français, il est tout simplement juif.

Un Grec catholique n'est plus hellène, mais latin.

Arabi-Pacha demandait seulement des galons et n'avait jamais eu la moindre pensée d'indépendance ainsi que le prouvent ses rapports avec l'envoyé ottoman et le Khédive. Il dirigeait un mouvement de protestation contre les faveurs dont les Turcs jouissaient dans l'armée égyptienne. Il ne voulait pas qu'à ceux-là seuls fussent accordés les hauts grades parce qu'ils étaient moins noirs que lui.

Dans cet assemblage de races, de religions multiples et disparates qui forment le peuple égyptien, les conquérants ont toujours été favorisés aux dépens des conquis. Ceux-ci veulent leur revanche depuis qu'ils savent qu'ils sont les plus nombreux.

Ils sont las d'être battus et ne sont pas contents.

A qui la faute ?

Au conquérant qui plus humain, moins avide aurait dû cesser depuis longtemps son système d'extorsions.

Depuis 1880 il ne s'est pas produit, comme on s'est plu à le répéter, une sorte de courant révolutionnaire à travers le pays des mamlouks et des khédives. Arabi Pacha, parfaitement incapable d'inventer la fameuse devise « l'Egypte aux Egyptiens » avait sans doute chargé un de nos confrères de la presse parisienne de déguiser ainsi sous une phrase sonore de simples revendications de boutique. Si Arabi n'avait pas été ministre, il n'aurait jamais réussi à grouper une centaine de factieux autour de lui ; s'il est parvenu à tenir un instant en échec le khédive et les consulats affolés, c'est qu'il faisait servir à son ambition des troupes qui marchaient aveuglément parce qu'un supérieur l'ordonnait. La plupart des soldats de Tell el Kébir, que l'Angleterre envoya plus tard se faire massacrer sous les ordres du général Hicks, ignoraient absolument dans quel but on tenait campagne et les chefs répandaient sournoisement sous la tente la nouvelle qu'on luttait, non contre le Padischah, mais contre des envahisseurs étrangers.

Cette haine pour l'étranger n'a encore inspiré au peuple aucun rêve d'autonomie. D'ailleurs, en Egypte, où sont les Egyptiens auxquels Arabi, le chef du prétendu parti national voulait donner l'Egypte ? A quelle nuance de peau commence et finit l'Egyptien pur ? Est-ce le Kopte doré comme un citron ? Est-ce le noir du Kordofan ? Est-ce le Barbarin café au lait, café noir, chocolat, acajou ou palissandre ? Est-ce le Bédouin à peine teinté avec des reflets de cuivre sale ? Est-ce le juif ? Est-ce le levantin ? Est-ce l'Européen enfin qui a pris du service dans l'armée, dans la marine, dans les ministères ? Est-ce le Maltais, le Grec ou l'Anglais ?

Au point de vue ethnologique, il faudrait définir l'Egyptien, l'homme qui vit en Egypte, quelle que soit sa race, sa croyance, son origine, sa couleur, puisque le nombre ne donne pas la suprématie aux descendants de l'antique race indigène, puisque la politique relègue au dernier plan le fellah arabe, qui travaille et produit pour la bande d'affamés, d'aventuriers de toutes les nations venus à la curée.

C'est à lui pourtant que cette Egypte appartient. C'est lui qui par son labeur l'a fertilisée, c'est lui qui par son travail rembourse les créanciers, sans trouver souvent dans son champ l'oke de *dhoura* nécessaire à la subsistance de sa famille. Il faut qu'il y trouve d'abord des piastres pour les étrangers, tout comme le Barbarin qui remonte le Nil dans sa dahabièh, dont l'aile blanche, plongeant dans les eaux et jetant son ombre triangulaire sur la maigre cargaison, doit dabord, sous forme de péage, donner à l'Europe le plus clair de ses modestes bénéfices.

Mais des siècles de servitude l'ont habitué à son sort. Il bénirait l'homme providentiel qui adoucirait ses peines en dégrevant les terres, en supprimant les mille entraves au transit apportées par les taxes de toute espèce. Pourtant il ne trouvera jamais assez d'énergie pour formuler son *desideratum*. Il sait que devant ses conquérants, ses juges, il aura tort, et la *courbach* lui a appris la soumission. C'est un grand enfant rieur auquel la raison du plus fort en a toujours imposé.

Il se contente de conserver une haine occulte pour le spoliateur, sans bien comprendre pourquoi tous les peuples se donnent rendez-vous chez lui pour faire profiter non pas le pays, mais eux-mêmes.

Un jour un ânier du 16 à 17 ans demandait à un noble touriste, installé à l'ombre, sur un banc, à la porte d'un hôtel anglais :

— Qu'est-ce que tu fais ici, monsieur ?

— Et toi ? répliqua l'étranger jugeant sans doute difficile toute réponse catégorique.

— Je loue des ânes ! répliqua sans sourciller le bourriquier qui montrait ses dents blanches.

— Et moi, je paie la location.

Le Barbarin regarda curieusement son interlocuteur et lui demanda avec surprise :

— Il n'y a donc pas d'ânes chez toi?

Dans cette simple interrogation, le Barbarin résumait l'opinion de tous ses compatriotes. L'étranger, c'est la bande de corbeaux acharnés sur leur proie ; la proie c'est le fellah.

Dès les temps les plus antiques, les faits lui ont prouvé cet axiôme. Depuis les rois Iksos n'en a-t-il pas toujours été ainsi ?

Le *sic vos non vobis* s'est constamment appliqué au peuple travailleur, doux et sobre qui a ensemencé cette terre. Un Pharaon entreprenait-il quelque œuvre gigantesque ? Aussitôt un envahisseur arrivait qui achevait l'œuvre et la signait. Puis survenait bientôt un nouveau larron, qui grattait la signature et la remplaçait par son propre Cartouche. Cartouche et voleur : c'est tout un. La langue a quelquefois de ces implacables synonymes.

II

L'INSTRUCTION PUBLIQUE

Son influence en Egypte. — Rôle de la France. — Les réformateurs. — Statistique. — La commission de 1881. — Rapports officiels. — Enseignement primaire, secondaire et supérieur. — Ecoles des colonies étrangères et des communautés religieuses. — Créations nouvelles. — Mission Egyptienne en Europe. — Réorganisation projetée et entravée. — Plan d'une école Egyptienne à Paris. Ministère de l'Instruction publique. — Missions étrangères en Egypte. — Boulak. — L'Institut Egyptien. — L'art pharaonique et l'art Arabe.

L'instruction publique, telle qu'elle est organisée aujourd'hui en Egypte, est fort peu connue des Français ; on ne saurait pourtant nier son influence sur la destinée de cette contrée.

C'est grâce à elle, surtout, que le fanatisme musulman a été atténué ; c'est par elle principalement que nous pouvons ressaisir un jour la suprématie que nous avons abdiquée.

Les Français ont toujours été à la tête du mouvement, tendant, selon l'expression d'Ali-Pacha-Ibrahim, « à créer chez les générations nouvelles un besoin de progrès et un ntiment des droits et des devoirs de l'homme vis-à-vis de i-même, de la famille et de l'Etat. »

Nous croyons sincèrement que la France ne peut man- ıer de récolter, dans un avenir plus ou moins rapproché, fruit des travaux de nos compatriotes, à qui nous devons en gypte, ce protectorat intellectuel et moral que n'a pas encore ussi à étouffer le protectorat armé de la Grande-Bretagne.

Il nous a donc semblé intéressant d'analyser, au com- encement de cette étude succincte, le développement onné à l'enseignement, les réformes acquises et les modi- cations les plus urgentes.

Le dernier travail d'ensemble sur cette question a été fait ı juin 1880 par une commission de six membres dont deux, armée-Pacha et Vidal-Bey, étaient français et se sont forçés d'introduire dans leur œuvre la plus grande somme ossible de nos idées.

A la base de l'édifice scolaire, dit le rapport officiel, sont s écoles de villages et de quartiers. D'après la dernière atistique, celle de 1878, le nombre de ces écoles était de nq mille trois cent soixante-dix. La population indigène tant évaluée à cinq millions cinq cent dix mille deux cent uatre-vingt-trois habitants, il en résulte qu'il n'existe u'une seule école pour mille vingt-huit habitants.

L'Egypte est donc, on le voit par ce chiffre, plus favorisée ue l'Autriche-Hongrie, la Grèce et la Hollande. La France ossède environ une école pour cinq cent dix-huit habitants, t la Suisse, qui, dans ce calcul, pourrait avec la Norwège éclamer la première place en Europe, une école pour ois cent quatre-vingt-dix habitants.

Le nombre des élèves est de cent trente-sept mille inq cent cinquante-trois, soit en moyenne vingt-cinq par cole, ou un élève sur quarante habitants.

Si l'on estime avec Dor-bey à trois cent trente-quatre mille environ le nombre des enfants mâles en âge de fréquenter les écoles, on voit que quarante-un pour cent reçoivent de l'instruction.

Mais ces chiffres ne donnent qu'une idée imparfaite de l'état actuel de l'enseignement primaire du degré inférieur. En effet, d'une ville, d'une province à l'autre, il y a des inégalités telles, que le nombre des habitants possédant une école, varie de quatre cent vingt-huit (Port-Saïd) à deux mille neuf cent quatre-vingt-trois (Keneh). Le nombre des élèves pour mille habitants varie entre onze et quatre-vingt.

Au point de vue du personnel enseignant dans les petites écoles, le nombre des professeurs était, nous apprend le même rapport, de cinq mille sept cent vingt-cinq pour cinq mille trois cent soixante-dix écoles et en moyenne d'un instituteur pour vingt-six élèves.

La commission constatait que les défectuosités de cet enseignement consistaient surtout dans la méthode employée; elle proposait de multiplier les établissements et de former des professeurs.

On devait créer en province des écoles primaires de trois degrés différents, ne recevant que des externes et leur donnant gratuitement l'instruction.

Chaque année, une taxe déterminée en paras et fractions pour chaque piastre d'impôt foncier, devait couvrir les frais des nouvelles créations.

Dans les gouvernorats et les villes principales, la taxe était répartie suivant le nombre des habitants et les ressources locales.

De plus, le ministère devait concourir dans les dépenses sous la forme de subventions partout où elles seraient nécessaires.

Les écoles primaires supérieures qui préparent des lèves pour l'enseignement secondaire forment plusieurs roupes :

1° Les écoles gouvernementales, entretenues sur le budget énéral de l'instruction publique.

L'école Moubtadian, du Caire, qui rentre dans cette catéorie, est le type de tous les établissements consacrés à enseignement secondaire. Fondée en 1864, elle comptait ept cent quatorze élèves en 1875, six cent quaranteuit en 1880 et actuellement six cent quatre-vingt-neuf.

L'enseignement s'élève un peu et comprend l'étude d'une ngue étrangère, cinquante-cinq pour cent des élèves étuiant le français : dix-huit pour cent l'anglais ; trois pour ent l'allemand ; quarante-cinq professeurs donnent des çons de Coran d'arabe, de turc, d'allemand, d'anglais. l y en a sept pour le français, huit pour l'arithmétique, un our l'histoire, quatre pour le dessin, deux pour l'écriture arabe, eux pour l'écriture europénne. Il faut remarquer que la pluart des professeurs contenus dans cette nomenclature sont mployés dans plusieurs écoles différentes.

La commission demandait l'augmentation du nombre des rofesseurs et des surveillants.

2° Les écoles municipales, dénomination qui laisse à ésirer mais qui est adoptée depuis de longues années, sont limentées par les revenus du domaine du Wahdi.

Ce second groupe comprend tout d'abord une école priaire à Alexandrie, avec trois cent soixante-dix-neuf exteres et dix-huit professeurs dont deux pour le français.

Au Caire, il y a six écoles municipales et cinq en province. a nomenclature en serait peut-être fastidieuse. Elles coniennent mille neuf cents élèves et quatrevingt-dix-sept rofesseurs.

On arrive donc à un total de deux mille deux cent quatre-vingt-douze élèves à la charge du budget spécial des écoles municipales où l'on étudie le Koran, l'arabe et l'arithmétique; huit ont des professeurs de français, trois ont des professeurs d'anglais, presque toutes ont des professeurs d'arabe.

3° Les écoles des Wakf sont entretenues aux frais de ce ministère.

Il y en a huit principales, avec soixante-six professeurs et huit cent cinquante-six élèves. L'enseignement y est à peu près le même que dans les écoles dites municipales.

4° Les écoles d'Akadin et de Nahassin, pour lesquelles l'administration du Rouznamieh verse des fonds à celle des Wakfs, qui à son tour les transmet à la direction des écoles municipales. Treize professeurs, cent quatre-vingts élèves.

5° Les écoles d'Oum Abbas-Pacha, Khalil-Aga, Hafiz-Pacha, Ratib-Pacha, sont à la charge de particuliers, mais soumises à la surveillance du ministère de l'Instruction publique. Elles comptent vingt-neuf professeurs et six cent huit élèves.

En résumé, l'enseignement primaire du degré supérieur est donné à près de cinq mille enfants, ce qui constitue déjà un chiffre d'une certaine importance.

La commission regrettait seulement que l'instruction ne fut pas complètement uniforme et que les professeurs ne fussent pas toujours à la hauteur de leur tâche.

En outre, en 1874, a été créée une école des aveugles et des sourds-muets, destinée à donner un métier manuel à de nombreux déshérités de la nature. Cette institution, profondément philanthropique, dans un pays où l'on rencontre tant d'aveugles, marchait à merveille en 1885 sous la direction d'un bey fort aimable.

C'est encore le ministère des Wakfs qui se charge de l'entretien de cet établissement.

Si humain que soit le but de cette création, il y aurait encore plus d'humanité à restreindre, dans le bas peuple, le nombre toujours croissant des ophtalmies de toutes sortes. Être aveugle, ou seulement borgne est un métier en Egypte, d'abord parceque cette infirmité dispense du service militaire, ensuite parce qu'elle assure, dans les mosquées, une existence douce et facile. En effet, c'est parmi cette corporation que les enterrements recrutent leurs pleureurs et les mariages leurs joyeux hurleurs.

Les causes de ces maladies sont complexes, mais la malpropreté et la négligence en sont les deux principales. Les parents devraient apprendre à leurs enfants l'art de ne pas laisser séjourner des *bourrelets de mouches sous leurs yeux*, et, avec cette simple précaution, le ministère des Wakfs pourrait économiser la plus grosse partie des 2,000 livres qu'il accorde à l'école des aveugles.

La commission consacre une section spéciale de son rapport à l'instruction des filles, quoiqu'elle soit encore bien peu développée. Le premier établissement consacré à ce but a été ouvert à Syoufieh en 1873, Le nombre des élèves y était, en 1880, de deux cent six.

Plus tard, une autre école du même genre s'est établie à Kerabieh. Puis les deux établissements ont été réunis et recevaient actuellement deux cent quarante-quatre jeunes filles ; les 7/8 sont internes. On y enseigne le Koran, le turc, la couture, les travaux d'aiguille, le blanchissage, le repassage et la musique.

Nous sommes loin des examens de l'Hôtel-de-Ville !

D'ailleurs le rapport avoue que le développement de cette institution a décliné pour des causes qui n'existent plus et sur lesquelles il est superflu de s'arrêter. L'école a beaucoup perdu dans l'esprit de la population indigène du Caire.

Vidal-bey, s'appuyant sur l'opinion éclairée de Dor-bey, qui a tant fait pour le développement de l'instruction primaire en Egypte, demandait de donner aux écoles de filles une direction intelligente, digne et morale. Il recommandait au ministère de reprendre l'étude de cette question, et d'ouvrir, dans une autre ville que le Caire, un second établissement ne recevant que des élèves externes, dont on ferait de bonnes ménagères.

L'enseignement secondaire laissait, selon la commission, beaucoup à désirer au point de vue du niveau des études.

L'école préparatoire du Caire, comprenant deux cent quatre-vingt-douze élèves et trente-sept professeurs (dont trois pour le français et deux pour l'anglais) donnait des résultats presque nuls, grâce au manque de discipline et aux programmes trop étendus.

La commission demandait pour fournir aux écoles supérieures des sujets convenablement préparés, de scinder cette école en deux sections : l'une scientifique, l'autre littéraire. Elle constatait en outre, qu'indépendamment de l'école préparatoire de Darb-el-Gamamiz, il existait des classes d'enseignement secondaire dans plusieurs écoles primaires. Elle réclamait l'unification des programmes et la fondation de nouvelles écoles préparatoires à Alexandrie, Mansourah, Tantah, Benisouef, et Assiout.

Il existe au Caire une école du degré secondaire ayant un caractère particulier : c'est l'école des ouvriers. Elle a été établie en 1878 pour apprendre un métier et donner des moyens d'existence aux élèves des écoles primaires. Elle compte soixante-dix-neuf élèves dont vingt-huit travaillent à l'ajustage, cinq aux tours à métaux, vingt-un à la menuiserie, deux à la fonderie, deux aux forges, trois à la chaudronnerie et vingt à la peinture décorative.

C'est une sorte d'annexe à l'école des arts et métiers du Caire.

L'enseignement supérieur comprend neuf écoles. La plus ancienne, l'école de médecine avait en 1881, cent-quarante-neuf élèves et vingt-cinq professeurs qui presque tous ont un double service à l'hôpital. Le directeur est généralement choisi parmi les boursiers du gouvernement égyptien qui ont fait leurs études en France.

L'école de pharmacie, adjointe à la précédente, a sept élèves.

L'école de la Maternité, fondée en 1856, n'a que treize élèves internes. « La commission n'a pas eu à s'occuper de l'enseignement qu'on lui a déclaré être très régulier et très satisfaisant. Mais elle a appris avec peine, tant par le rapport qui lui a été soumis, que par des explications verbales, que la conduite de ces jeunes filles laissait à désirer. Il s'agit surtout de celles qui, étant sans famille et sans ressources personnelles, pensent que cette situation même les met à l'abri d'une répression sévère. » Le fait est que, beaucoup faisaient avec les étudiants en médecine et même avec les domestiques barbarins de l'établissement, la plus enragée des écoles.... buissonnières.

L'école polytechnique est celle qui, après l'école de médecine, reçoit le plus grand nombre d'étudiants. Elle en comptait cinquante-quatre, dont vingt-sept étudiaient le français et dix-sept l'anglais. Le rapport dit : « On a fait sortir, il y a un mois, une division de l'école, parce que l'on n'avait pas de professeur pour certains cours portés sur le programme. » D'autre part, l'inspecteur général déclarait :

« L'école a besoin d'une réorganisation pour devenir digne de son titre un peu prétentieux. L'enseignement pêche par le manque d'applications pratiques. » Et la commission demandait une revision des programmes d'études.

L'école d'arpentage avait cinquante-neuf élèves en 1873 et vingt-sept en 1881, dont vingt-cinq étudiaient le français et deux l'anglais. Elle empruntait les dix-neuf professeurs de l'école polytechnique. La commission réclamait le concours soit du ministère des travaux publics, soit de l'administration du cadastre pour mettre à la disposition de l'instruction publique un ou deux ingénieurs chargés de former les élèves aux exercices pratiques sur le terrain.

L'école des arts et métiers, fondée en 1867, avait trente élèves en 1873 et quarante-six en 1881. Ceux-ci reçoivent dans la matinée des leçons d'ordre théorique et dans l'après-midi s'exercent à des travaux d'ajustage, de serrurerie, de menuiserie, etc. Le nombre des contre-maîtres, ouvriers et manœuvres attachés aux ateliers est de dix-huit.

L'école de droit fonctionne également depuis 1867, quarante-huit élèves y étudient le droit civil égyptien, le droit commercial, le droit commercial maritime, la procédure, le droit pénal, l'instruction criminelle, le droit romain et la tenue des livres. La commission demandait l'augmentation du nombre des professeurs et des répétiteurs et l'adoption d'un plan d'études élaboré par le ministère de la justice. Puis le rapport ajoute : « C'est dans quelques années seulement qu'il y aura lieu d'examiner la convenance et la possibilité d'instituer en Egypte un haut enseignement juridique. »

L'école des langues a été formée en 1878 pour produire des traducteurs et des professeurs de langues étrangères. Ici, le rapporteur met le doigt sur la plaie vivace qui rend stériles tous les efforts pour faire pénétrer l'instruction publique parmi les Égyptiens : « Le nombre des élèves, dit-il, est hors de proportion avec les besoins des différents services publics, qui demandent en vain des traducteurs. Depuis l'époque où l'école, dirigée par Rifaah-Bey, a été fermée, les administrations publiques sont obligées de s'adresser pour les traductions soit à des Syriens qui parlent un idiome particulier, soit même à des étrangers. » Et dans tous les services, il en est ainsi, l'étranger a toujours plus de chance que l'indigène d'obtenir un emploi vacant.

L'école de Dar-el-Oloum avait été créée en 1873 pour former des professeurs et des *arifs* pour les écoles primaires.

Elle avait trente-huit élèves en 1881 et sept professeurs.

Le programme comprenait la théologie et les traditions religieuses, le droit musulman, l'histoire et la littérature arabes ; l'arithmétique, la géographie, la calligraphie, l'histoire naturelle, la physique et la chimie élémentaire. La commission était d'avis de faire à Dar-el-Oloum une école normale sérieuse où la pédagogie serait enseignée.

Outre cette création, Vidal-Bey — car ce tableau de l'instruction publique en 1881 est surtout son œuvre — Vidal-Bey désirait qu'on instituât une école d'administration où le gouvernement aurait trouvé ses comptables, ses traducteurs, ses rédacteurs pour les différents ministères et deux autres écoles calquées sur les établissements de Grignon et d'Alfort.

Dans un pays essentiellement agricole comme l'Égypte, où la terre est la source première et presque unique de richesse et de prospérité, la commission s'était facilement convaincue qu'une école d'agriculture était de toute nécessité pour donner à tous ceux qui le désirent une instruction les mettant à même d'améliorer des procédés de culture parfois routiniers et défectueux.

D'après les statistiques du ministère de l'intérieur, sur une population de plus de six millions d'habitants, on peut compter deux millions de fellahs voués à la culture du sol. Mais, pour se faire une idée du nombre de personnes directement intéressées aux progrès de l'agriculture, il faudrait tenir compte en outre des propriétaires de terrains et des commerçants qui s'occupent de transactions sur les produits des champs, transactions dont la valeur dépasse annuellement la somme de 15 millions de livres égyptiennes.

La production par feddan varie de 186 à 1,379 piastres. Tout en faisant une large part aux différences dans la nature des terrains, dans la facilité de l'arrosage, etc., il paraît incontestable que les procédés de culture ne sont pas également parfaits dans toutes les localités et que l'on pourrait arriver à une production moyenne plus forte, si les agriculteurs étaient mieux instruits. En outre, il existe une vaste étendue de terrains incultes, dont on pourrait apprendre à tirer un certain parti.

L'école d'agriculture aurait le double but de donner aux jeunes gens qui veulent exploiter plus tard ou faire exploiter sous leur direction immédiate, les terres appartenant à leurs familles, l'instruction nécessaire pour qu'ils puissent le faire d'une façon fructueuse et rationnelle ; et de former pour les grandes exploitations agricoles des chefs de culture, des surveillants et des directeurs.

Quant à l'école des vétérinaires, elle a paru également nécessaire à la commission au moment où tout le monde en Égypte avait encore présents à l'esprit les désastres causés par les épidémies qui ont sévi sur les chevaux et la race bovine. Le rapport disait :

« Il est certain que les animaux sont en général mal entretenus et mal soignés en cas de maladie. Les cultivateurs éprouvent des pertes peu importantes si l'on veut, dans chaque cas isolé, mais qui, en se renouvelant fréquemment, finissent par constituer des pertes sérieuses pour le pays tout entier. »

La valeur des animaux domestiques en Égypte représente une somme très considérable, dont quelques chiffres empruntés aux statistiques de 1873 et de 1877 peuvent donner une idée :

	Année 1873	Année 1877
Chevaux.	18,202	8,741
Chameaux.	35,578	26,871
Anes et mulets.	96,746	87,882
Bœufs, vaches et buffles. .	292,100	228,286
Moutons et chèvres. . . .	196,564	320,047

Nous avons exprès choisi ces chiffres au-dessous de la réalité.

En 1873, on n'avait pas compté les animaux qui se trouvaient au Caire, dans les ports de mer, et sur les propriétés de la Daïra. La seconde statistique a été faite après une épizootie très meurtrière.

Ces chiffres sont donc des minima. Ils suffisent pour prouver que le bétail représente une valeur très considérable.

Mehemet-Ali s'en était préoccupé.

Il avait fondé à Choubrah une école vétérinaire qui, pendant plusieurs années, rendit d'immenses services au pays. Puis, elle disparut comme bien d'autres créations du régénérateur de l'Égypte.

Plus tard le ministère de la guerre établit à l'Abassieh une institution du même genre qui n'existe même plus de nom.

La commission concluait à la création, sur des bases méthodiques, d'une école qui fournirait à la fois des vétérinaires civils et militaires.

Le tableau de l'instruction publique ne serait pas complet, si nous ne mentionnions les établissements qui ne relèvent pas du ministère.

Nous placerons en tête la grande école de la mosquée El-Azhar, où les étudiants affluent de toutes les parties du monde musulman. Elle comptait plus de dix mille étudiants en 1873 et le chiffre n'a baissé que dans des proportions insignifiantes. L'étude principale est celle du *Chéri*, le droit d'après le Koran, et des volumineux commentaires du livre sacré. C'est de là que sortent les derniers fanatiques de l'Islam et c'est là que se recrutent les pieux *ouléma*.

C'est de là que sont sortis Arabi et le Mahdi.

Dans d'autres écoles libres, fondées par les colonies étrangères et les communautés religieuses, on trouvait, en 1885, environ quinze mille élèves dont la moitié de nationalité égyptienne et à peu près six mille jeunes filles. L'externat est la règle générale avec une exception de cinq pour cent environ du nombre des élèves.

Au ministère de l'instruction publique se rattache la mission scolaire en Europe, qui, par son importance, mérite une attention spéciale en France.

A l'instigation de M. Jomand — un Français — Mohammed-Ali institua cette mission.

Le pacha réformateur avait compris combien la diffusion des idées européennes et civilisatrices serait lente dans le euple, si elle n'avait que des chrétiens comme propagateurs.

C'est donc autant pour obvier à cet inconvénient que pour erfectionner et compléter l'instruction des jeunes égyptiens u'il adopta cette mesure.

Les successeurs de Mohammed-Ali ont respecté cette réation, qui donnait au pays des ingénieurs, des officiers, es médecins, des jurisconsultes et diminuait d'autant les mployés étrangers, souvent fort exigeants.

Une somme suffisante a toujours été allouée à la mission n Europe. En effet, Mohammed-Ali n'avait pas spéciale- nent désigné la France comme nourrice intellectuelle de es boursiers.

Il désirait, au contraire, afin de répondre à un plus grand ombre de besoins, dans un pays livré, — sinon politique- nent, au moins commercialement — à l'internationalité, que outes les nations européennes concourussent à former un ertain nombre de sujets d'élite qui, sans cesser d'être mu- ulmans ou arabes, implanteraient sur les bords du Nil le espect des croyances et des civilisations étrangères, pour infiltrer peu à peu parmi leurs compatriotes.

Jusqu'en l'année 1885, cette œuvre, qui avait été utile au ébut, marcha cahin-caha, absorbant une somme relative- nent élevée et hors de proportions avec le nombre de bons erviteurs formés en Europe.

Des réductions budgétaires étant réclamées par le minis- ère des finances, Artin-Pacha-Yakoub, sous-secrétaire l'État à l'instruction publique, dût examiner, article par ar- icle, ces différents services, et, avec l'esprit éclairé que on éducation européenne a développé, il apporta toute son ttention à la question de la mission.

Il fit rechercher les documents de cette création ; on n'en rouva pour ainsi dire pas au ministère.

On ignorait jusqu'au nombre exact des boursiers, leurs noms, leurs études, leurs adresses dans les différentes villes de France et d'Angleterre qui leur étaient assignées.

Les directeurs de la mission, l'un à Paris, l'autre à Londres, n'entretenaient le ministre que des questions pécuniaires, consentant tout au plus, une fois l'an, à envoyer un rapport général fort bref ou à réexpédier des boursiers qui, leurs diplômes en main, venaient solliciter dans l'administration une place au moins équivalente à leur bourse de 4,000 francs par an.

On leur accordait leurs appointements et on les glissait comme stagiaires dans les ministères.

Voilà tout le bénéfice que le gouvernement retirait de sacrifices longs et onéreux, car l'étudiant, livré à lui-même, achevait ses études quand bon lui semblait. Il n'était jamais pressé.

Le rapport d'Artin-Pacha, présenté au conseil des ministres, du mois d'août 1885, était clair et précis. Il établissait que le budget de l'instruction publique, qui s'élevant en 1884 à 109,910 livres égyptiennes, devait être réduit pour l'exercice 1885 à L. E. 84,689 et établi en 1886 sur le pied normal d'environ 70,000 livres égyptiennes, soit 1,820,000 francs. Il y avait donc différentes réformes à opérer : limiter le nombre des élèves, faire concourir les familles à l'entretien de leurs enfants, opérer des réductions sur le corps enseignant lui-même et réduire les bourses des étudiants de la mission ainsi que les dépenses afférentes à cette institution.

Avant ces recherches, les derniers chiffres sur la question avaient été donnés par la commission de 1881.

Elle constatait qu'en 1873, le nombre des élèves de la mission en Europe était de cinquante-un, savoir : vingt-quatre en France, treize en Angleterre, douze en Italie, deux en Allemagne.

En 1881, ce nombre était de quarante, trente-huit en France, un en Angleterre, un en Suisse.

En outre, neuf élèves, envoyés en France aux frais de leurs parents, y étaient surveillés par le directeur de la mission.

Artin-Pacha fit relever, année par année, les comptes de cette mission de 1880 à 1883 inclusivement. Il arriva aux chiffres suivants :

Cette création avait coûté en 1880, pour quarante-sept élèves, 179,521 francs, dont 26,000 pour frais d'administration ;

En 1881, pour quarante-huit élèves, 190,017 francs dont 28,485 pour frais d'administration ;

En 1882, pour quarante-deux élèves, 189,233 francs dont 26,680 pour frais d'administration ;

En 1883, pour quarante-cinq élèves, 187,499 francs dont 26,494 pour frais d'administration.

Ces chiffres nous donnent une moyenne de 186,068 francs pour quarante-cinq élèves, dont 27,000 francs absorbés par la Direction générale de la mission, à Paris et à Londres.

Chaque année, l'Etat accorde donc à chacun de ses boursiers une somme moyenne de 4,101 fr. 50 dont 3,542 fr. 45 pour son entretien et son instruction et 559 fr. 05 comme cote-part de chacun dans les frais d'administration.

Le sous-secrétaire d'Etat se basait sur ce calcul pour faire ressortir les inconvénients de cette organisation.

Les dépenses de la direction étant fixes, il s'en suivait que plus le nombre des élèves diminuait, plus était grande la cote-part de chacun des boursiers dans les frais d'administration. En poussant l'arithmétique aux extrêmes, il ressortait clairement que le jour où le budget de la mission serait réduit par exemple à 50,000 francs par an, le gouvernement ne pourrait plus entretenir en France qu'environ douze élèves qui sur leurs bourses de 4,101 francs seraient obligés d'abandonner plus de la moitié à la Direction.

Le rapport demandait la suppression d'une administration onéreuse, ce qui permettait de réaliser une économie annuelle de 12 à 1,500 livres. Outre la question d'économie, deux raisons d'un ordre différent militaient en faveur de cette suppression.

La première avait été indiquée par la commission de 1881 qui déclarait « ne pas avoir de renseignements précis sur l'état actuel de la mission, le directeur ne faisant pas de rapport annuel. Il se bornait en effet à envoyer des états trimestriels et la correspondance traitait surtout de questions de comptabilité. »

Or, depuis 1880, la direction n'a pas changé de système.

Cette même commission faisait remarquer également avec raison que « la difficulté de surveiller convenablement la conduite et les études des jeunes Egyptiens doit être considérable » vu que ces élèves sont disséminés, non pas seulement dans différentes villes de France telles que Paris, Lyon, Montpellier, Aix, mais encore dans différents établissements de ces villes.

L'effet de la direction, en tant que surveillance, est donc nul et l'on en était vite arrivé à se demander son utilité.

Le rapport d'Artin Pacha ne nous l'indique malheureusement pas, mais il fait ressortir une seconde raison qui appuie le projet de suppression de la direction proprement dite.

« Les jeunes gens qui forment notre mission à l'étranger,

t le sous-secrétaire d'Etat, sont tous assez âgés (dix-huit à ente-un ans), séjournent depuis assez longtemps en Europe ıelques-uns y sont depuis 1878, pour y rester sans danger vrés à eux-mêmes » puisque une surveillance attentive n'a mais été exercée sur eux.

Le directeur ne fait que leur aplanir les embarras de la vie atérielle. Les résultats de cette éducation sont que nos oursiers reviennent en Egypte, après avoir vécu facilement, oir travaillé peu et acquis le moins possible pour la upart. Habitués à une allocation mensuelle très élevée, s s'abusent eux-mêmes sur leur propre valeur et dédaignent, ans leur patrie, tout emploi subalterne.

Pour remédier à cette situation assez grave pour inquiéter eux qui ont souci d'établir, sur une base solide, l'instruction ue les boursiers Egyptiens vont chercher en Europe, Artin acha proposait trois réformes nécessaires :

1° D'abord, supprimer la Direction générale, reconnue utile et même nuisible ;

2° Diminuer le montant des bourses à 2,500 francs et ,000 francs, ce qui permettait d'augmenter le nombre des èves jouissant de notre instruction occidentale, tout en ermettant d'abaisser à 100,000 francs la somme allouée à la ission sur le budget de l'instruction publique ;

3° N'envoyer dorénavant en Europe, comme boursiers de Etat, que des élèves physiquement et moralement bien oués, âgés seulement de dix à douze ans.

Cette dernière mesure était la plus utile.

Jusqu'alors, le favoritisme seul avait procédé au choix es boursiers.

De gros fonctionnaires jugeaient à propos d'infliger à l'Etat obligation d'élever et d'instruire leurs enfants, puis, quand s croyaient propice un petit voyage en Europe pour leur progéniture, ils les faisaient inscrire au nombre des boursiers.

Le favori restait nécessairement une non-valeur, dont le contact polluait ses camarades mieux doués. Au bout de huit ou dix ans, il revenait dans le pays, obtenait de bons appointements et une nullité de plus encombrait un ministère.

On cite jusqu'à un bey, marié et père de famille qui, las de la vie du harem, a obtenu de venir, aux frais du gouvernement, faire son droit sur les bords de la Seine. Un autre est malade depuis deux ou trois ans à Paris.

Un concours mettrait fin à cette odieuse exploitation d'une institution qui pourrait être si fertile en résultats.

En même temps, les enfants placés tout jeunes dans les lycées européens, y suivraient toute la filière des classes et, une fois sortis, ne seraient pas plus embarrassés que nos propres étudiants pour subvenir à leurs besoins matériels et suivre les cours des facultés avec une pension de 3,000 francs.

Combien de nos enfants n'en ont pas autant !

Paris, d'ailleurs, n'ayant pas seul en France la spécialité de former de bons docteurs en droit ou en médecine, rien n'empêcherait les boursiers du gouvernement Egyptien, d'aller dans une ville universitaire de nos départements, où la vie est moins coûteuse et les distractions moins multipliées.

Une seule chose serait à craindre, c'est que les enfants oubliassent peu à peu leur langue maternelle — comme cela arrive avec la direction actuelle — mais le gouvernement pourrait choisir parmi les étudiants les plus âgés, un professeur versé dans la langue arabe et la religion musulmane. Avec une modique subvention, celui-ci se chargerait, pendant toute la durée des classes dans les lycées, de donner une fois par semaine aux boursiers Égyptiens des

eçons, destinées à leur apprendre la langue, l'écriture et le
oran.

Nous croyons même qu'un des membres de la mission
ctuelle est répétiteur d'arabe à l'école de la rue de
ille.

Le 15 août 1885, le gouvernement se décidait à prendre
n arrêté réorganisant la mission sur les bases indiquées par
rtin-Pacha.

Un de nos confrères de la presse parisienne, correspon-
ant d'un journal au Caire, fut chargé d'aller à Paris aviser
ux moyens les plus sûrs de supprimer la direction générale
t de réaliser les réformes projetées.

Avec leur ignorance constante des choses de l'Égypte, nos
ouvernants s'appliquèrent à faire échouer cette tentative.

Le directeur menacé sema le bruit que la mesure était édi-
tée par l'Angleterre, désireuse de transporter sur les bords
le la Tamise les jeunes gens élevés aux frais du gouverne-
nent du khédive.

On s'en mêlait au Caire et notre représentant obtenait
ientôt la promesse formelle que le *statu quo*, en ce qui
ouchait la mission Egyptienne, serait maintenu jusqu'à ce
u'un échange de vues ait pu avoir lieu entre les deux gou-
ernements.

C'était tout remettre aux Calendes Grecques.

Le chargé d'affaires au Caire profitait une fois encore de
a situation toujours tendue sur les bords du Nil, pour nous
river de notre meilleur moyen de propagande française, la
ulgarisation de nos idées, de notre langue, de notre ins-
ruction parmi les Egyptiens. Et l'Agence Havas faisait in-
érer au mois d'octobre 1885 dans tous ses journaux une
ote ainsi conçue :

« Il avait été question de supprimer l'institution relative à l'envoi des jeunes Egyptiens dans les établissements d'instruction publique en France. La question vient d'être règlée selon les vues du gouvernement français. »

La dépêche ne prouve pas la sûreté d'information de l'Agence télégraphique, qui semblait ignorer, après plusieurs mois, un arrêté ministériel, dont la teneur était des plus claires : SUPPRESSION D'UNE DIRECTION ONÉREUSE, AUGMENTATION DES BOURSIERS EN FRANCE ! !

Ce qu'il y eut surtout d'étonnant dans cette affaire, ce fut d'attribuer des idées anti-françaises au ministre par intérim, Abdul-Rahman-Ruchdi-Pacha, ancien élève des Saint-Simoniens qui peut apprécier par lui-même les bienfaits de notre éducation.

Ce qu'il y eut de ridicule, ce fut de croire que Nubar-Pacha, président du conseil, pouvait prêter la main à cette offense, faite sciemment à une nation, où il a reçu son instruction, où il a grandi, où il s'est formé à la dure tâche qu'il a assumée.

Ce qu'il y eût de pénible, de maladroit, ce fut de contrecarrer Artin-Pacha dans une œuvre destinée à relever notre prestige en Egypte.

En effet, tous les élèves de la mission se destinent ou à des carrières libérales ou au service du gouvernement Egyptien.

PLUS LES BOURSIERS SERONT NOMBREUX, moins il restera de postes vacants pour les fonctionnaires recommandés par la British Agency, et, QUAND BIEN MÊME TOUT EMPLOYÉ ANGLAIS SERAIT DOUBLÉ D'UN EMPLOYÉ EGYPTIEN, ÉLEVÉ EN FRANCE, NOUS CROYONS QUE CETTE SITUATION SERAIT PLUS AVANTAGEUSE POUR NOUS, QUE DE NOUS ÉVERTUER A ENTRAVER TOUT PROJET PROFITABLE A NOTRE INFLUENCE SÉCULAIRE.

La seule solution pratique à la question de la mission égyptienne en Europe serait d'en revenir à l'idée de Mohammed-Ali, qui subsistait encore sous Ismaïl. Avec les fonds inscrits sous ce chapitre au budget de l'instruction publique, il serait très facile et très profitable de fonder à Paris un établissement consacré aux élèves et étudiants boursiers du gouvernement égyptien. L'école serait instituée sur le modèle de l'école polonaise. Tous les boursiers y seraient logés et placés directement sous la surveillance de professeurs et de répétiteurs. Les élèves suivant des cours préparatoires assisteraient comme externes aux classes d'un lycée. Les étudiants, sans être livrés à eux-mêmes, trouveraient en rentrant des professeurs qui leur rendraient plus facile l'étude du droit et de la médecine. Tous les boursiers recevraient de plus, dans l'intérieur de l'école projetée, une instruction arabe qui ne laisserait rien à désirer. Tel est le seul et unique moyen d'augmenter le nombre des enfants qui participent aux bienfaits de notre éducation française, tout en les empêchant de cesser complètement d'être Egyptiens. Nous faisons des vœux pour que S. E. Artin-Pacha le comprenne. Moins de frais, plus d'élèves, plus de surveillance, plus d'émulation, plus de rapidité dans les études.

L'essai en vaut la peine.

Nous sommes heureux de trouver une opinion conforme à la nôtre exprimée dans un ouvrage sur l'Egypte récemment paru (1).

« Moins il y aura d'élèves, dit l'auteur, en parlant de la mission, plus la surveillance inefficace coûtera à l'Etat. C'est un comble ! Et le jour arrivera où pour ne plus surveiller personne, même inefficacement, M. de Freycinet fera attri-

(1) *John Bull sur le Nil*, par Frédolin. Jules Lévy édit. (1886).

buer, sous menace de se fâcher, une somme annuelle de 25 à 27 mille francs à un directeur honoraire d'une grande institution supprimée... Ce sera tous les ans autant de jeunes gens qui ne viendront pas se façonner chez nous pour rapporter ensuite chez eux un peu d'amour pour notre grande patrie afin de contre-balancer la toute puissance croissante de John Bull. A quand un peu d'énergie sur les bords du Nil ? A quand un peu de jugeotte sur les bords de la Seine ? Voilà un point d'interrogation auquel il est difficile de faire une réponse satisfaisante ; heureusement Artin-Pacha est encore au ministère de l'instruction publique, dont il deviendra bientôt le titulaire. »

Ce sous-secrétaire d'Etat actuel est celui qui a fait le plus pour activer le développement de l'instruction. Il a su s'entourer de pédagogues distingués, comme Vidal-bey, Mougel, etc... Il s'est enquis des besoins du pays, il a su, avec des ressources de plus en plus limitées, introduire une à une des réformes urgentes. Leur énumération serait trop longue, mais nous pouvons dire en résumé qu'aucune question, intéressant l'instruction publique, ne lui est restée étrangère. Il a formé un personnel enseignant à la hauteur de ses devoirs, il a multiplié les écoles en veillant même aux côtés les plus matériels de l'œuvre, il a rassemblé des bibliothèques, imprimé les livres nécessaires, rejeté tous les anciens errements. Jeune et infatiguable, il a su, quoique chrétien, par son savoir étonnant, par sa connaissance approfondie de la langue et de l'histoire du pays, amener à lui tous les savants musulmans, tous les sheiks versés dans l'étude des antiquités arabes. Il s'est fait pardonner son titre de chrétien par ceux-là qui désiraient le moins voir abandonner à d'autres mains que des mains musulmanes la direction de la jeunesse égyptienne.

Aujourd'hui la chose est admise et Artin-Pacha, malgré son esprit réformateur et ennemi de la routine a droit de cité parmi les plus fervents adeptes du Coran.

Il a du reste conservé au ministère qu'il dirige son aspect patriarchal. Il s'est bien gardé de le transporter dans un quartier européen, il a préféré le laisser au milieu des Arabes, dans une ville qui garde tout son cachet oriental. Les portes de son cabinet sont grandes ouvertes, et de huit heures du matin jusqu'à midi, le Pacha n'a pas un instant de repos. Toutes les affaires, tous les papiers lui passent par les mains. Le plus minime détail d'habillement le préoccupe tout comme les programmes d'études à établir, les économies à réaliser. Il écoute toutes les propositions, toutes les réclamations. Il entend aussi bien le bambin mis en cause que les inspecteurs universitaires. Il lit, il signe, il conseille et son avis est généralement le meilleur.

Rien de pittoresque d'ailleurs comme l'immense cabinet où chacnn attend son tour, pendant que le sous-secrétaire signe, écrit, répond, questionne, assis au petit bureau placé devant deux grandes fenêtres d'où le regard plonge d'un côté sur les employés de l'Etat, de l'autre sur les élèves d'une classe, installés faute d'autre local dans le ministère même. Père de famille, il sait allier à la rigueur souvent nécessaire, une mansuétude, une patience qui ne se démentent jamais et qu'il a puisées dans ses attributions elles-mêmes.

En effet, le gouvernement Egyptien, au point de vue de l'instruction publique, est d'une tendresse à nulle autre pareille.

L'instruction est, pour la majorité des enfants, non-seulement gratuite, mais payée. L'Etat loge, nourrit, habille, éclaire, instruit tous les enfants qu'on veut bien lui confier et se substitue à la famille du pupille. Le jour où celui-ci aura terminé ses études, l'Etat le placera ou lui donnera un métier, ou — à défaut de position et de profession — le gardera pour enseigner à l'école où il a appris le peu qu'il sait.

Il est même arrivé que, toute une classe d'étudiants de l'Ecole polytechnique est restée plusieurs mois dans l'établissement, après la fin de ses études. On continua de loger, de nourrir et d'habiller ces élèves... par charité. Toutes les places étaient prises au ministère des travaux publics et celui de l'Instruction publique ne pouvait se décider à les abandonner sans ressources sur le tapis de crottin et de poussière qui représente les pavés du Caire arabe.

Espérons qu'ils sont casés aujourd'hui. Mais la plus grande ennemie de l'instruction publique en Egypte, c'est justement cette affluence d'étrangers qui envahissent les administrations.

Parlez donc des bienfaits d'une éducation achevée à un homme qui, après avoir conquis tous ses diplômes, ne peut pas trouver le plus minime emploi dans son pays. S'il n'avait pas perdu dix, quinze ou vingt ans à s'instruire, il posséderait un âne qu'il louerait et dont il vivrait, il cultiverait un champ qui produirait assez de riz, de coton ou de maïs pour lui assurer la subsistance quotidienne.

Non! On l'a instruit, et quand il dit : « Je sors de telle école! » on lui répond : « Tous les emplois sont obtenus au concours ou hors concours par des étrangers. Pas de place. Repassez une autre fois. » Si un médecin a fait ses études comme boursier du gouvernement à Paris, il ne trouvera jamais la clientèle d'un dentiste américain ou d'un docteur corse. Si un avocat a la tache originelle d'être né dans le pays, il risque bien de mourir sans plaider la moindre cause. Quant aux ingénieurs, les Anglais en ont le monopole pour les postes officiels; les Français ont accaparé les entreprises particulières. L'Egyptien, malgré toute son intelligence, ne saurait lutter avec avantage contre ces rivaux favorisés des consulats,

Artin Pacha l'a dit et répété souvent : « L'instruction publique ne prendra un véritable essor que du jour où les jeunes gens indigènes seront sûrs, en sortant de l'école, de trouver une place dans les grandes administrations de l'Etat. »

C'est à cela que les puissances étrangères tendront, lorsqu'elles voudront respecter les intérêts du pays et ne pas obérer le budget égyptien d'appointements gigantesques pour des nullités dont la France ne voudrait dans aucun bureau. L'Egypte ne fait pas tant de jeunes gens instruits qu'on ne puisse les caser, une fois leurs études terminées. En tout cas on pourrait, des places administratives, faire deux parts à peu près égales, au lieu d'éliminer complètement l'élément indigène, aberration qui ne fut pas une des moindres causes du mouvement arabiste.

Etre Anglais ou Français, sans savoir même l'orthographe, suffit pour trouver des postes rémunérateurs.

Etre Egyptien suffit pour échouer, à moins d'appartenir aux familles des hauts fonctionnaires.

Si le favoritisme n'est pas né en Egypte, il y a établi son domicile habituel.

Il n'en était pas ainsi sous Mohammed-Ali et ses successeurs. Des razzias étaient faites dans les rues pour recruter des enfants qui faisaient un apprentissage militaire et formaient ainsi une école de cadets. Les ingénienrs, les médecins, les légistes, les traducteurs avaient été, de cette façon brutale, arrachés à leurs familles. C'était l'instruction, obligatoire à l'excès. Mais en employant ce système violent pour faire pénétrer dans les masses les bienfaits de l'instruction publique, le khédive retirait un avantage des longs sacrifices que le pays s'imposait pour instruire l'enfance.

Les jeunes gens devenaient de précieux serviteurs.

Aujourd'hui la foule des étrangers rend ces sacrifices stériles, puisque l'on ne peut pas utiliser les indigènes. De deux choses l'une, où il faudra songer à supprimer les dépenses occasionnées par l'instruction publique en Egypte, où dans les concours pour les emplois officiels, il faudra accorder aux concurrents indigènes, sinon des faveurs, au moins l'égalité devant leurs adversaires européens.

La France, qui a créé une mission d'égyptologie, a certainement le placement des boursiers qu'elle perfectionne dans la science des Champollion et des Mariette. Les uns seront chargés de la conservation des musées, les autres des fouilles à entreprendre dans le pays des Pharaons. Les dépenses sont justifiées par des services rendus. Tout Français, nous en sommes certain, comprendra qu'en Egypte il devrait en être ainsi.

*
* *

Puisque nous avons parlé de cette mission française, achevons le tableau complet de l'état actuel en Egypte des lettres, des sciences et des arts.

Les lettres, dans lesquelles si longtemps les Arabes se distinguèrent, n'existent plus aujourd'hui qu'à l'état de contes populaires que des improvisateurs geignent dans les cafés où les consommateurs soutiennent le dernier mot d'un verset avec un ah! approbatif ou enthousiaste. Plusieurs publications satiriques, quelques-unes quotidiennes en langue arabe sont les seuls produits de la littérature. Les contes contemporains, dont beaucoup, ont été précieusement recueillis par Artin Pacha n'ont de valeur qu'au point de vue des mœurs. Le naturalisme a remplacé le merveilleux des *Mille et une Nuits.*

Les sciences ne sont plus représentées en Egypte que par des savants accrédités par des gouvernements étrangers sur cette terre antique. M. Grébault, un normalien perfectionné par dix ans de jurisprudence, occupe dignement la place que M. Maspéro a laissée vacante, après une longue série de découvertes qui ont enrichi le musée de Boulak.

Une preuve que le prestige intellectuel de la France n'a pas décliné, c'est la nomination d'un Français à la succession de Français qui, par leurs longs travaux, ont péniblement arraché leurs secrets historiques aux sphinx et aux hiéroglyphes. Les fonds ont toujours manqué pour poursuivre les études et les recherches, pourtant jamais un seul instant la marche de la science ne s'est ralentie. Ce n'est pas ici le lieu de citer toutes les collections de vases, de statuettes et de découvertes cataloguées malgré les difficultés de toutes sortes. Pourtant nous ne saurions passer sous silence le petit volume de nouvelles antiques publié par M. Maspéro, pas plus que nous ne saurions oublier la profonde connaissance de M. Grébault en fait de prosodie pharaonique.

Le sous-directeur du musée de Boulak visait sans doute à succéder à M. Maspéro. Les Anglais l'appuyaient, peut-être avec le secret désir de déménager au British-Museum les antiquités les plus curieuses, déterrées par une pléïade de Français illustres. S'il n'a dû son échec qu'à la nationalité de M. Grébault, il ne saurait en vouloir au nouveau directeur d'avoir, comme enfant de la France, recueilli un héritage sacré qu'aucune nationalité n'a le droit de nous disputer.

L'Allemagne subventionne M. Sweinfurth, le savant naturaliste qui a reconstitué avec autant d'exactitude que possible la flore et la faune égyptienne d'il y a trois mille ans et nous a donné le récit d'un voyage intéressant chez les peuplades anthropophages de l'Abyssinie. La science doit rester sur un terrain neutre où toutes les nations peuvent fraterniser.

C'est ce qu'elles font à l'Institut égyptien du Caire. La création de Bonaparte a été reprise par un Français et toutes les intelligences, que l'Égypte préoccupe, dans son passé ou dans son avenir, se réunissent de temps en temps dans une salle étroite où lecture est donnée des travaux de chacun. La dénomination est peut-être un peu exagérée pour la grande majorité des membres adhérents, mais il ne nous semble pas que le mot d'institut jure à côté des noms de Sweinfurth, Maspéro, Grébault, Vidal et Artin.

Artin-Pacha a en effet accompli au point de vue arabe, l'œuvre grandiose que les Mariette ont mené à bien pour les rois Pharaon. Il a ressuscité une époque plus près de nous mais qui nous paraît intéresser plus directement le pays. Les inscriptions koufiques sont des rébus tout comme les hiéroglyphes, et elles ressuscitent un passé tout aussi grandiose, tout aussi artistique avec d'autres moyens, avec moins de colossal et plus de fini. D'ailleurs, la race égyptienne primitive a disparu et si, dans le passé historique, on cherche des enseignements pour l'avenir, nous estimons qu'il est plus curieux de connaître les antiquités arabes puisque le peuple est devenu arabe.

Le sous-secrétaire d'État à l'instruction publique est l'homme qui sait le mieux tout ce qui a rapport aux khalifs et aux sultans Mamelouks. Dans des études qu'a publiées le bulletin de l'Institut égyptien, il a élucidé avec un tact merveilleux les points obscurs de la conquête musulmane et il a en outre, trouvé le temps de consacrer avec fruit pour ses lecteurs et ses auditeurs, le peu de loisirs que lui laissent les affaires du ministère, à la littérature populaire contemporaine.

Ses goûts artistiques ont été tentés par les productions antiques des ciseleurs arabes. Il a réuni des merveilles dans un musée qu'il soigne avec toute l'attention d'un père pour son enfant préféré. Une visite à cette collection, c'est l'évocation palpable d'une grandeur évanouie et quand on se trouve devant les chefs-d'œuvres de joaillerie, d'orfèvrerie, de cloisonnage, on pense à ce pauvre bijoutier arabe du Khan-el-Khalili, qui lentement brode des tapis magnifiques, emmèle les fils d'or des objets en filigrane, suit avec un écheveau de soie les signes cabalistiques d'un verset du Koran et, pauvre, sobre, maltraité, produit des merveilles pour le luxe de l'Europe. Toujours et partout le *Sic vos non vobis*. Cet homme qui tisse les tapis de ses conquérants, de ses maîtres, vit dans un taudis infect où la vermine grouille, et couche sur une natte pourrie !

L'art est encore le meilleur historien et le ciel d'Egypte a conservé avec respect le nom de tous ses envahisseurs qui inscrivaient leurs noms dans la pierre. Boulak est le meilleur volume qu'on écrira jamais sur les Pharaons, le musée d'Artin Pacha, c'est l'histoire des Arabes Egyptiens jusqu'à nos jours.

Le Caire conserve dans ses monuments les archives des envahisseurs. Les Pyramides, c'est l'histoire ancienne ; la mosquée de Hassan, c'est l'histoire des musulmans arabes ; la mosquée de Mohammed-Ali, c'est l'histoire des conquérants turcs ; le consulat de France, c'est l'histoire contemporaine. La maison où on l'a installé, et que le gouvernement de la République a payée la modique somme de 700,000 francs, est une vraie collection pharaonique et arabe dont chaque objet a été ramassé par ci par là, souvent par voie de réquisition. Ajoutons que ces réquisitions n'ont pas été pratiquées par M. Barrère, mais par le premier propriétaire de l'immeuble.

Que d'enseignements utiles dans ces choses que tout le monde regarde, presque avec indifférence !

Telle est, rapidement, la physionomie actuelle du développement intellectuel du peuple égyptien. Ces quelques pages auront suffi à démontrer que par l'instruction publique, nous tenons un moyen pacifique et humanitaire de reconquérir notre suprématie sur les bords du Nil et d'y répandre le nom de France, synonyme de progrès et de civilisation.

III

LA JUSTICE

Proselytisme et apostasie. — Les capitulations. — Populations et religions. — Réforme judiciaire. — Lois régissant les étrangers. — Justice indigène. — Résultats de la réforme judiciaire.

L'histoire de tous les peuples musulmans est là pour détruire la renommée d'intolérance religieuse que nous leur avons faite.

Mohammed, en effet, a formellement interdit à ses disciples, dans un verset du Koran, d'employer la force pour imposer leur religion aux infidèles.

Aujourd'hui encore, le vrai croyant méprise tout homme qui abandonne sa croyance pour en embrasser une autre, fût-ce celle du Prophète de La Mecque.

Il n'admet ni l'apostasie, ni le prosélytisme.

On naît musulman, on ne le devient pas, et, les seuls intolérants sont généralement des mahométans de fraîche date qui, pour se faire pardonner leur conversion, affichent plus de ferveur que les plus pieux ulémas des mosquées.

Saïd-Pacha, le grand-vizir d'Abdul-Hamid II, ne doit qu'à son éducation anglaise, qui le discréditait aux yeux de ses compatriotes, son retour aux idées les moins progressives du parti de la vieille Turquie.

Le général Freund, hongrois et catholique, transformé en général turc et musulman, sous le nom de Mahmoud-Hamid-Pacha, ne put jamais faire accepter comme sérieuse sa conversion à l'islamisme. Ce fut même une des causes de sa défaite dans la campagne de Serbie, pendant laquelle ses soldats l'abandonnèrent, refusant ainsi toute confiance, au moment d'une guerre sacrée, dans un chef apostat. Malgré des prodiges de courage, d'énergie, de sang-froid, l'ami du général Klapka sauva à grand'peine ses canons et fut disgracié pour ce chef, pendant que Dervich-Pacha, battu partout, abandonnant armes et bagages, était aimé des troupes et comblé d'honneurs.

C'est de ce mépris du prosélytisme que naquirent les Capitulations.

Les peuples musulmans vainqueurs ne pouvaient, sans leur religion, imposer aux nations vaincues les lois du Chéri, contenues toutes dans le Koran.

Les adeptes de Mohammed considèrent la législation comme intimement liée aux préceptes de la religion.

Voilà pourquoi, à l'imitation des premiers colonisateurs du monde ancien, les Grecs et les Romains, après la conquête, les Arabes et les Turcs laissaient les peuples soumis se régir selon leurs us et coutumes. Ceux-ci se groupaient alors en corporations, dans des quartiers distincts, avec une autonomie relative, au sommet de laquelle se trouvait un souverain juge, patriarche ou rabbin, puisque l'idée de religion primait, ou plutôt tenait place de l'idée de nationalité.

Les membres de ces corporations, relégués dans des quartiers, des *fondouks*, fermés par des portes, conservaient le libre exercice de leurs croyances. Le représentant le plus vénérable tranchait toutes les causes litigieuses entre les personnes appartenant au même groupe ou *ghito*. Mais chaque fois qu'un conflit s'élevait entre un musulman et un individu d'une autre religion, c'était le Kadi qui jugeait d'après le Koran, *le Code des vainqueurs*, qui, dans ce cas seul, était applicable aux étrangers.

Peu à peu, le commerce attira dans les pays turcs et arabes des trafiquants chrétiens ou juifs. Des caravanes maritimes se formaient pour les Échelles du Levant, et, les conquérants musulmans exigèrent, pour accepter des transactions avec les étrangers, que ceux-ci fissent choix, comme garant, d'un de leurs compatriotes installés dans les ports, où ils se livraient au négoce.

Telle fut l'origine des consuls, responsables devant le Grand-Kadi et juges dans les conflits de corporations à corporations.

Peu à peu les *ghitos* devinrent solidaires les uns des autres et puissants dans les pays où les vainqueurs musulmans s'affaiblissaient de jour en jour.

Les consuls en profitèrent pour s'emparer d'une autorité politique greffée sur leur garantie commerciale.

Cependant les Pisans, les Vénitiens, les Gênois, tout en jouissant de leurs lois territoriales dans les affaires litigieuses entre nationaux, comparaissaient encore, en cas de procès avec un musulman, devant le Kadi, dans la personne de leurs consuls. On pourrait retrouver dans la Narbonaise et en Espagne la trace de cette double juridiction, qui, sous une autre forme, est encore en vigueur dans la République d'Andorre.

François Ier obtint, pour les Français établis en Orient, la reconnaissance écrite d'une autonomie qui, de simple tolérance, devenait tout à coup un droit. Les autres corporations ou nations réclamèrent les mêmes privilèges qui leur furent accordés.

Les Capitulations s'écrivent, mais leur esprit demeure ce qu'il était, quand ces conventions n'étaient que verbales. Ce sont, à vrai dire, seulement des traités de commerce destinés à garantir les droits des étrangers et ceux des musulmans. En effet, rien n'est encore changé au grand principe établi immédiatement après la conquête.

Les étrangers d'une même nationalité sont, dans tout conflit, justiciables de leurs lois territoriales devant le tribunal de leur consul.

Dans tout conflit entre étrangers de différentes nationalités les deux consulats sont appelés à trancher le litige. Mais, les étrangers restent justiciables de la législation musulmane, quand un musulman est impliqué dans le conflit.

Cependant, avec l'influence grandissante de l'Europe, les attributions consulaires augmentaient et les anciens conquérants n'étaient plus de force à endiguer la poussée toujours plus forte des revendications étrangères. Les abus finissaient par s'imposer comme des droits. Les européens s'habituèrent à en référer à leurs consuls dans toutes les discussions avec les musulmans. Il en résulta des contradictions entre les jugements rendus par les différentes législations et les différents codes.

Quand l'étranger était cité devant le Kadi, le drogman, au lieu et place du consul, devait assister l'accusé dans cette comparution, comme garantie du fonctionnement régulier de la justice. Puis l'européen trouva plus commode de faire défaut en s'entendant avec son compatriote, le drogman.

L'indigène n'obtenait donc jamais justice.

C'est alors qu'il consentit, pour arriver à une solution quelconque, à en référer aux autorités consulaires et à admettre leur compétence. C'était une concession qui n'avait nullement force de loi, mais qui donna bientôt une puissance énorme aux principaux consulats étrangers.

La France, qui représentait dans le Levant la religion catholique, acquit bientôt la prépondérance que les premiers trafiquants italiens avaient eue dans le pays.

La *lingua franca* devint peu à peu la langue française, et quoique l'italien subsistât dans les quartiers mercantiles, les commerçants s'accoutumèrent progressivement à parler notre langue. Le pavillon de la France étant celui de la catholicité, tout *Raya* ou tout *Etranger* qui appartenait à la communauté religieuse que nous représentons, se groupait autour de nous, considérant notre patrie comme la sienne.

Gambetta a eu un mot plein de bon sens et de patriotisme, quand il a dit que « *le cléricalisme est bon pour l'exportation* », car rien n'a plus concouru à notre prestige en Orient que l'idée religieuse, et, nous ne saurions blâmer nos ambassadeurs qui, le jour de la Fête-Dieu, pavoisent leurs demeures, entremêlant les oriflammes aux trois couleurs, de drapeaux aux armes pontificales.

Puis l'Angleterre contrebalança notre influence. Elle avait à défendre cette prétendue route des Indes qui est partout en Orient et n'est nulle part.

La Russie, toujours à la recherche de cette fameuse route, commença la lutte en Turquie.

L'Autriche, par les provinces des Balkans, se trouvait trop engagée dans la question pour s'en désintéresser et entra à son tour dans la lice, pour endiguer le flot envahissant du panslavisme. Au dessus de ces diverses compétitions, l'Allemagne planait, comme l'ambassade de cette puissance, caserne carrée, flanquée d'aigles aux quatre coins, plane sur le Bosphore, des hauteurs du Taxim.

Notre première faute fut l'abandon de notre antique protectorat sur les catholiques de toutes les nationalités et M. de Bismarck, tout en nous laissant, par ironie sans doute, le vaste empire africain que nous convoitions, sut habilement exploiter notre insouciance religieuse en remplaçant par des massiers allemands, nos Kawas qui présidaient à la garde des Lieux-Saints.

Le souverain maître aujourd'hui sur la terre conquise par les Godefroy de Bouillon, c'est un consul allemand — et protestant.

Notre seconde faute, ce fut d'assister impassibles aux empiètements de toutes les puissances, dans le Levant.

Nous avons en 1876 et 1877, laissé la Russie réunir dans une même idée les tronçons des peuples slaves disséminés sur le Danube.

Nous avons à la même époque, sous l'égide de l'Allemagne, permis à l'Angleterre de s'installer à Chypre, comme nous lui avions abandonné Malte et Gibraltar, comme nous devions lui abandonner l'Egypte et probablement Candie et Thasos.

Quand Marseille, l'antique colonie Phocéenne, s'était, grâce au transit toujours grandissant, transformée en véritable port levantin, monopolisant, pour ainsi dire, tout le commerce du Levant, nous avons sans protestation aucune, sans anxiété, autorisé la Grande-Bretagne à faire de la Méditerranée un lac anglais.

Notre aversion pour la géographie — comme dit l'Allemagne — nous a poussés à donner aux fils de John Bull la clé de nos colonies algériennes et tunisiennes, la clé du

Canal de Suez, c'est-à-dire de nos colonies du Tonkin et de Madagascar.

Nous nous sommes laissé arracher sans mot dire notre prestige religieux en Orient par l'Italie, qui aujourd'hui s'installe sur la mer Rouge et fait dans les églises catholiques du Caire, construites par nous, des sermons en italien.

Notre prestige politique, nous l'avons confié à la Grande-Bretagne, sur une terre que nous avons fertilisée de notre sang, de notre argent, de nos idées.

L'empire du Congo, lui-même, rêvé par Brazza, deviendra fatalement un empire anglo-belge, pendant que le pavillon allemand flotte sur plusieurs points de l'Afrique Centrale qui se germanise.

Depuis le recul devant Alexandrie bombardée, nous ne sommes plus en Egypte, en matière politique, qu'un des dix-sept consulats.

Les véritables coupables, ce sont nos consuls.

Tandis que le gouvernement de la reine Victoria a toujours su choisir pour gérer sur les bords du Nil les *British Agency*, des hommes rompus aux finaceries orientales, nous avons souvent eu la main malheureuse dans le choix de nos représentants.

Le consulat général du Caire est assimilé à celui de Christiana.

Nous ne demandons à nos agents aucune connaissance approfondie du pays et du peuple, et, dès qu'ils commencent à se faire aux mœurs, à la langue, à une diplomatie spéciale, nous les envoyons soigner leurs dyssenteries ailleurs.

Où est le temps où nous formions pour l'Orient des consuls, imbus d'idées immuables et d'une politique savante, qui nous avait acquis notre suprématie ?

Le moule semble brisé, d'où sortait jadis toute une pléïade de diplomates intelligents, habiles, consciencieux qui remplaçaient, au grand avantage de la France, la fantaisie en affaires par un respect profond d'une tradition glorieuse.

L'Egypte n'est plus qu'un poste où nos agents débutent et qu'ils quittent après une série d'écoles. C'est le stage indiqué des jeunes gens qui se raccrochent au gouvernement après quelques erreurs d'enfance. Un journaliste, qui aura été compromis pendant la Commune, demandera pour se réhabiliter aux yeux du pouvoir, à prouver sa conversion, en dirigeant les affaires de la France en Egypte, dans le moment le plus difficile, le plus critique.

Le nombre ne fait pas la force sur les bords du Nil, mais, grâce au concours de tous les catholiques qui avant notre déchéance se réunissaient autour de notre drapeau, la France pouvait, à un moment donné, contrebalancer toute autre puissance.

Il n'y a que quinze mille sept cent seize français dans la vice-royauté sur quatre-vingt-dix mille huit cent quatre-vingt-six étrangers, mais il y a au moins cinquante mille catholiques, français, italiens, hellènes, arméniens, ottomans, espagnols, portugais, suisses, belges, etc. En nous servant de ce faisceau, nous pouvions prétendre conserver notre antique suprématie. Nous avons préféré, ou plutôt nos agents ont préféré, pour éviter auprès d'un gouvernement peu religieux l'accusation de cléricalisme, renoncer au prestige que le catholicisme donnait à notre pavillon.

Pour comprendre l'importance de notre prestige religieux, nous ferons une rapide nomenclature des diverses croyances qui fleurissent sur la terre d'Isis et d'Osiris.

Quand la première église des Pères de Terre Sainte

brûla en 1852, les pachas par leurs aumônes, le Khédive par ses dons, concoururent à la construction de l'édifice actuel, qui a une quinzaine de succursales à Boulak, au Caire, dans le Fayoum et dans la Haute Egypte.

Les Pères réformés ont une église auprès du couvent de Terre Sainte.

Les Grecs en ont quatre.

Ceux-ci, fort nombreux au Caire et à Alexandrie, possèdent un patriarche élu par douze évêques et confirmé par le pape et le patriarche de Constantinople. Le service se fait en arabe et en grec pour les douze mille fidèles venus, en majeure partie, de Syrie.

Les Arméniens unis, au nombre de quatre ou cinq mille, ont trois chapelles.

Les Syriens unis, peu nombreux, en ont une.

Les Maronites ont construit deux églises et un couvent, trop spacieux pour ce petit groupe.

Mille cinq cents Coptes catholiques fréquentent l'église copte, où l'arabe se mêle à l'ancienne langue encore employée dans la lithurgie, mais généralement inconnue des fidèles.

Dix mille grecs orthodoxes se réunissent dans l'église Khan-el-Zaouï, très petite, mais très fréquentée.

Les Arméniens non unis sont au nombre d'environ trois mille, mais le groupe le plus nombreux est celui des Coptes non unis, qui comptent vingt mille adhérents et vingt églises ou chapelles.

L'Eglise réformée allemande, sous la protection de l'Allemagne, a une chapelle dans Ismaëlièh où le service se fait alternativement en français ou en allemand.

Le Caire compte encore une chapelle américaine protestante, une anglaise, plus une dizaine de synagogues pour les six mille israélites Talmudistes, et trois ou quatre, pour mille ou quinze cents Caraïtes avec un temple et un oratoire pour les Juifs slaves.

Toutes ces églises disparaissent au milieu du faisceau de minarets que les mosquées dardent vers le ciel, et, comparée d'après la dernière statistique aux habitants musulmans, la population non musulmane de l'Egypte compte à peine quatre-vingt-dix mille personnes sur un total de six millions huit cent dix-sept mille deux cent soixante cinq âmes, où les hommes sont en minorité.

Les habitants nomades sont au nombre de deux cent vingt-quatre mille quatre cents soixante-six personnes.

Aujourd'hui, les nationalités détrônent peu à peu les religions.

Il n'y a plus, comme autrefois, en Orient que des catholiques.

Il y a des Français, des Italiens, des Belges, etc., et en comptant nos nationaux nous ne sommes pas en tête des dernières statistiques.

En effet, la vice-royauté compte sous le règne de Mohamed Tewiek Ier.

37,301 Hellènes
18,665 Italiens.
18,300 Anglais dont environ 12,000 hommes de troupes.
15,716 Français.
8,022 Austro-Hongrois.

Les autres puissances sont représentées par un nombre insignifiant de sujets :

948 Allemands.
637 Belges.
589 Espagnols.

533 Russes.
412 Suisses.
323 Serbes, Roumains et Monténégrins.
221 Hollandais.
183 Américains.
36 Portugais.
15 Suédois et Norvégiens.
14 Danois.
1,153 Asiatiques.

Ce sont donc toujours des minorités infimes qui ont fait loi dans le pays, et ce court tableau servira une fois de us à établir que si les musulmans avaient le fanatisme fa- uche et la haine aveugle du chrétien, il serait aisé à us de six millions d'adeptes de Mohammed de se débar- sser de moins de cent mille chrétiens ou juifs. Ce qui minue la force de ce nombre, c'est la création des tri- unaux internationaux.

Quand Ismaïl fut obligé d'abandonner sa couronne vice- oyale, il écrivit de Naples au grand vizir une lettre ainsi onçue :

« Quant aux faveurs et aux bienfaits dont Sa Majesté 'avait comblé, j'en ignore l'existence. J'ai fait appel à sa uissance suzeraine pour me protéger contre une pression rangère, je venais de traverser seize années bien remplies, ar, sous mon administration, l'Egypte avait été couverte 'un réseau de chemins de fer; — elle avait considérable- ent étendu la canalisation qui féconde la richesse du sol et uintuplé l'abondance de ses productions; — elle avait créé eux grands ports à Suez et à Alexandrie; — elle avait détruit ans l'Afrique centrale les sources de l'esclavage et fait otter le drapeau de l'empire dans les contrées où il était encore inconnu ; — elle avait vu achever et livrer au monde le canal des deux mers ; — et enfin, après de longues et vives résistances, elle avait inauguré chez elle sa réforme judiciaire qui, en mettant un terme aux lenteurs résultant de la multiplicité des juridictions étrangères, et, rendant à la distribution de la justice la promptitude qui la rend profitable, a préparé pour l'avenir le moyen d'établir l'harmonie d'une bonne justice dans le contact des civilisations de l'Orient avec les civilisations étrangères. »

Tel avait été, en effet, le côté brillant de ce règne et le prince détrôné n'avait pas à en évoquer les désastres. L'histoire lui donnera l'absolution des fautes qu'il a pu commettre, en faveur de l'obstination avec laquelle il soutint Nubar-Pacha, qui lutta près de huit années pour obtenir des puissances qu'elles sanctionnassent sa réforme judiciaire.

Cette réforme c'était une digue contre le panislamisme dont Abdul-Hamid se faisait, en 1877, le centre et le foyer ; c'était une entrave à la toute puissance que les consulats s'arrogeaient en interprétant les Capitulations dans le sens qui était le plus favorable aux empiètements étrangers. C'était aussi le seul espoir pour l'Égypte d'arriver un jour à être maîtresse chez elle, sans porter atteinte aux droits acquis par les Européens.

Pour obtenir justice, au milieu de tous les codes, de toutes les juridictions diverses, les musulmans, dans les cas litigieux avec des étrangers, avaient peu à peu renoncé à s'adresser à leurs tribunaux.

Les accusés européens ne manquaient jamais de faire défaut ou d'obtenir devant leur consulat une sentence absolument contradictoire du jugement rendu selon la loi sacrée.

Pour arriver à une solution, force fut donc aux musulmans

de se résoudre à comparaître eux-mêmes aux barres consulaires et à demander justice aux seules juridictions dont les étrangers relevaient.

Cette complaisance, que les Européens changèrent bientôt en un droit, n'était nullement une garantie du bon fonctionnement de la justice. En effet, l'étranger condamné changeait facilement de nationalité et se mettait sous le protectorat du pavillon voisin, pour éviter que la sentence prononcée contre lui ne fut exécutée. De nouveaux éléments étaient introduits dans le procès de façon à pouvoir le transporter devant une autre juridiction et le coupable trouvait chez les hommes d'affaires du pays mille ressources pour entraver l'exécution des sentences.

Les abus ne se bornaient pas à cela.

Souvent un indigène se trouvait jugé et condamné par une cour d'appel devant laquelle il était cité, sans même en être informé.

C'était à Aix, par exemple, qu'en appel était statué sur toutes les causes dans lesquelles un Français était intéressé. Et la cour prononçait sur le simple rapport d'une chancellerie, sans écouter la partie adverse, sans entendre les témoins, qui ne pouvaient comparaître à une si grande distance et n'étaient pas toujours à même de faire face aux frais souvent très coûteux d'un voyage en Europe.

Un jugement devenait-il exécutoire, l'étranger se trouvait inattaquable dans ses propriétés. La maison devenait tout à coup le bien d'un Italien ; un Anglais se disait le propriétaire des meubles ; un Allemand réclamait comme siens les vêtements du coupable, etc.

Autant de nouveaux procès devant autant de juridictions différentes.

Bien plus, les gouvernements musulmans étaient jugés

responsables des crimes commis envers les étrangers sur les territoires musulmans.

Un Autrichien, dans une rixe à Alexandrie ou au Caire, était-il blessé par un ânier; la police indigène était déclarée coupable de n'avoir pas prévenu la rixe et le gouvernement était de ce chef condamné à 25 ou 30,000 francs de dommages et intérêts, par un tribunal quelconque, toléré, mais non reconnu.

Pour peu que la presse fut en cause, l'injustice devenait plus criante encore.

Un Français emprunte à un ministre une quinzaine de mille francs pour une exploitation agricole. Les affaires vont mal. L'agriculteur se fait journaliste et fonde une feuille peu honorable. Il avait cru inutile de demander une autorisation au gouvernement comme l'exigeait la loi sur la presse. Le journal fut supprimé par décret du ministère de l'intérieur. Procès devant la cour d'Aix, où le gouvernement ne fut même pas appelé à comparaître.

Pour une fois, Nubar-Pacha, sans s'en douter le moins du monde, obtint gain de cause.

La cour d'appel française, pour les causes du Levant, admit dans ses considérants que les sujets français, tout en n'étant justiciables que de leurs lois territoriales, devaient respect aux lois locales.

Il fallut huit ans au ministre pour faire sentir à l'Europe la nécessité d'une législation uniforme à la place du fouillis de codes de toutes les nations, de tous les patriarchats; c'est alors que furent créés les tribunaux mixtes à compétence limitée, supprimant jusqu'à un certain point le bon vouloir des dix-sept consulats et le caprice du Khédive.

Nubar-Pacha ayant à choisir entre toutes les codifications, donna la préférence au Code Napoléon.

L'homme d'État proclamait l'égalité de toutes les nations, de toutes les croyances devant la loi.

Indigènes et étrangers concouraient à fournir les juges des trois tribunaux de première instance et de la cour d'appel d'Alexandrie.

Par une suprême concession, l'Europe fournissait vingt-deux magistrats sur trente-huit.

Les audiences étaient rendues publiques.

Le français et l'Italien devenaient les langues les plus usitées devant les tribunaux.

Des huissiers étaient chargés de l'exécution des sentences en dehors de toute ingérence administrative.

Les magistrats étaient inamovibles et salariés.

Leurs fonctions étaient incompatibles avec tout autre emploi rétribué et la pratique du commerce.

Les avocats munis de diplômes étaient seuls admis à plaider devant la cour d'appel.

Les tribunaux de première instance jugent toutes les contestations en matière civile et commerciale entre indigènes et étrangers et entre étrangers de nationalités différentes, ainsi que toutes les actions réelles et immobilières entre toutes personnes de même nationalité.

Le gouvernement, les administrations, les daïrahs du Khédive et des membres de sa famille sont justifiables de ces tribunaux.

Les établissements religieux ou warkf seuls y échappent.

C'était la concession faite à l'islamisme.

Le parquet comprend un procureur général et plusieurs substituts nommés par le Khédive et amovibles.

La chambre du conseil pour délits ou crimes, le tribunal correctionnel et la cour d'assises sont formés chacun de trois juges dont deux étrangers.

Les jurés, qui doivent avoir trente ans au moins et un an de résidence, sont tous étrangers et choisis par le Khédive sur les listes dressées par les consulats.

Leur nombre ne doit pas dépasser deux cent cinquante ; chaque nationalité doit en fournir quinze au moins, trente au plus.

La compétence des tribunaux mixtes s'étend aux contraventions à la police, et aux délits ou crimes contre les magistrats dans l'exercice de leurs fonctions et contre l'exécution des sentences. Les magistrats eux-mêmes sont justiciables de ces tribunaux pour tout délit ou crime commis dans l'exercice de leurs fonctions.

En 1875, les divers gouvernements d'Europe et d'Amérique acceptaient ces réformes pour cinq années. En 1880, ces arrangements étaient prorogés jusqu'au moment, où un accord définitif aurait pu être conclu avec le gouvernement égyptien et les autres gouvernements autorisés au sujet des questions d'organisation judiciaire en Égypte.

Pourtant, avant l'expiration du délai de cinq ans, dès le 30 mai 1880, le Khédive avait demandé la réunion d'une commission internationale pour étudier les modifications les plus urgentes.

Riaz-Pacha fut élu président; le baron de Ring, consul général de France; M. Herbout, juge au tribunal mixte du Caire ; M. Albin Rezet, consul honoraire, décidèrent la prorogation jusqu'au 1er février 1882.

L'Europe essayait de transformer la réforme judiciaire en un instrument docile de suprématie dans le pays.

Cet état de choses nous est révélé par un procès-verbal de la sous-commision en 1881, qui nous montre en même temps la situation des étrangers au point de vue des impôts.

M. Cookson demandait l'insertion d'un paragraphe nouveau ainsi conçu :

« Les tribunaux mixtes seront compétents pour statuer sur l'assiette et la quotité des impôts, toutes les fois que la légalité de cet impôt ne sera pas contestée diplomatiquement par le consulat dont relève le contribuable. »

M. Cookson reconnaisait l'autorité souveraine du Khédive, mais les puissances faisaient certaines réserves au sujet des droits accordés par les traités. L'objet d'une de ces réserves était le droit d'apprécier la légalité de l'impôt. Les tribunaux mixtes, déclara Fakhry Pacha, ne devaient pas connaître de l'assiette de l'impôt. Les réclamations en matière d'impôt ne peuvent, selon lui, être portées devant les tribunaux administratifs.

En même temps, Borelli-bey demandait que la situation des étrangers, au point de vue de l'impôt, fut bien nettement établie « La loi de 1867, disait l'ancien sous-préfet du 16 mai, acceptée par toutes les puissances dans des protocoles spéciaux, fait de l'obligation de se soumettre à tous les impôts et aux lois et règlements indigènes sur la matière, la condition même du droit de propriété pour les étrangers. La seule restriction apportée par la loi à cette obligation. c'est qu'ils ne soient pas soumis à des impôts autres et plus lourds que ceux qui frappent les indigènes. »

M. Cookson remarque que l'opinion de Borelli-bey ne peut s'appliquer qu'à l'impôt foncier. Celui-ci réplique que s'il ne s'agit pas de l'impôt foncier, il ne sait pas quelle contribution M. Cookson peut avoir en vue. Il ne saurait s'agir ici ni de l'impôt personnel, ni des patentes dont les étrangers sont affranchis.

« Le gouvernement, loin de vouloir les imposer aux étrangers, désire supprimer l'impôt professionnel, même pour les indigènes. Quant aux impôts indirects, les traités de commerce de 1838 et 1861 sont formels et portent que tous les produits du sol ou de l'industrie de l'Egypte seront soumis à toutes les taxes qu'il plaira au gouvernement d'établir. Pour les produits importés, au contraire, ils seront soumis à un droit de douane unique de huit pour cent; et la compétence des tribunaux en matière douanière est établie par les traités. mêmes.

Il y est dit que ces réclamations seront soumises d'abord à des commissions douanières, et ensuite en appel ou sur opposition, aux tribunaux de commerce remplacés par les tribunaux mixtes.

M. Barbout rappelle qu'une note, datée de 1875, et émanant du gouvernement français établit qne les tribunaux de la Réforme ne pourront, en aucun cas, contester la légalité des impôts édictés en Egypte. C'est aux puissances seules qu'il a appartenu, dans le principe et par les traités internationaux d'accepter que leurs nationaux y soient soumis.

L'opinion de M. Borelli est à noter au moment où se ranime plus sérieusement que jamais, en Egypte, la question de l'extension de la compétence des tribunaux mixtes au criminel et l'établissement d'un impôt sur les étrangers.

Ceux-ci sont régis par le rescrit du 18 juin 1867, dont M. Borelli donna lecture à la sous-commission. Voici des extraits de ce document :

« Article premier. — Les étrangers sont admis au même titre que les sujets ottomans et sans condition, à jouir du droit de propriété des immeubles urbains ou ruraux dans toute l'étendue de l'Empire, à l'exception de la province du Hedjaz, en se soumettant aux lois et règlements qui régissent les sujets ottomans eux-mêmes, comme il est dit ci-après.

Article 2. — Les étrangers propriétaires d'immeubles urbains ou ruraux sont, en conséquence, assimilés aux sujets ottomans en tout ce qui concerne leurs biens immeubles.

Cette assimilation a pour effet légal :

1° De les obliger à se conformer à tous les règlements de police ou municipaux qui régissent dans le présent et pourront régir dans l'avenir la jouissance, la transmission, l'aliénation et l'hypothèque des propriétés foncières :

2° D'acquitter toutes les charges et contributions sous quelque forme et quelque dénomination que ce soit, frappant ou pouvant frapper par la suite les immeubles urbains ou ruraux ;

3° De les rendre directement justiciables des tribunaux civils ottomans pour toutes les questions relatives à la propriété foncière, et pour toutes les actions réelles, tant comme demandeurs que comme défendeurs, même lorsque l'une ou l'autre partie sont sujets étrangers ; le tout au même titre, dans les mêmes conditions et dans les mêmes formes que les propriétaires ottomans et sans qu'ils puissent en cette matière se prévaloir de leur nationalité personnelle : mais sous la réserve des immunités attachées à leur personne et à leurs biens meubles, aux termes des traités.

Article 3. — En cas de faillite d'un étranger propriétaire d'immeubles, les syndics de sa faillite se pourvoiront devant l'autorité et les tribunaux civils ottomans pour requérir la vente des immeubles possédés par le failli, et qui, par leur nature et suivant la loi répondent des dettes du propriétaires.

Il en sera de même lorsqu'un étranger aura obtenu contre un autre étranger propriétaire d'immeubles un jugement de condamnation devant les tribunaux étrangers.

Pour l'exécution de ce jugement sur les biens immeubles

de son débiteur, il s'adressera à l'autorité ottomane compétente, afin d'obtenir la vente de ceux de ces immeubles qui répondent des dettes du propriétaire : et ce jugement ne sera exécuté par les autorités et tribunaux ottomans qu'après qu'ils auront constaté que les immeubles, dont on requiert la vente, appartiennent réellement à la càtégorie de ceux qui peuvent être vendus pour payer la dette.

Article 4. — Le sujet étranger à la faculté de disposer par donation ou par testament de ceux de ses biens immeubles dont la disposition sous cette forme est permise par la loi.

Quant aux immeubles dont il n'aura pas disposé, ou dont la loi ne lui permet pas de disposer, par donation ou par testament, la succession en sera réglée conformément à la loi musulmane.

Etc..... »

En outre, un protocole déclarait que dans les localités situées à moins de neuf heures du consulat du résident, la police indigène doit attendre l'intervention d'un agent de son consulat avant de pénétrer dans la demeure d'un Européen.

C'était là une facilité donnée au criminel de se soustraire à une arrestation. Pour peu que le terrain appartint à un Européen d'une autre nationalité que le propriétaire de l'immeuble et que le coupable, il fallait l'intervention de trois consulats.

Dans les localités éloignées de neuf heures ou de plus de neuf heures de marche de la résidence de l'agent consulaire, les agents de la force publique pourront, sur la réquisition de l'autorité locale, et avec l'assistance de trois membres du conseil des anciens de la commune, pénétrer dans la demeure d'un sujet étranger, sans être assistés de l'agent consulaire, mais seulement en cas d'urgence ou pour la recherche ou la constatation du crime de meurtre, de tentative de meurtre, d'incendie, de vol à main armée, ou avec effraction, ou de nuit, dans une maison habitée, de rébellion armée et de fabrication de fausse monnaie ; et ce, soit que le crime ait été commis par un sujet étranger ou par un sujet ottoman, et soit qu'il ait eu lieu dans l'habitation de l'étranger, ou en dehors de cette habitation et dans quelque autre lieu que ce soit.

En dehors de la demeure l'action de la police était entravée par les immunités attachées aux nationaux étrangers. Le procès verbal de la visite domiciliaire devait être transmis aussitôt à l'agent consulaire le plus rapproché.

Dans les localités éloignées, les étrangers, disait le protocole, « seront jugés par le conseil des anciens remplissant les fonctions de juges de paix et par le tribunal de Kaza tant pour les contestations n'excédant pas mille piastres que pour les contraventions n'entraînant que la condamnation à une amende de cinq cents piastres au maximum.

Les sujets étrangers auront, dans tous les cas, le droit d'interjeter appel, par devant le tribunal du sandjak, des sentences rendues comme il est dit ci-dessus, et l'appel sera suivi et jugé avec l'assistance du consul, conformément aux Traités.

L'appel suspendra toujours l'exécution.

Dans tous les cas, l'exécution forcée des sentences rendues dans les conditions déterminées plus haut ne pourra avoir lieu sans le concours du consul ou de son délégué.

Le gouvernement impérial édictera une loi qui déterminera les règles de procédure à observer par les parties dans l'application des dispositions qui précèdent.

Les sujets étrangers, en quelque localité que ce soit, sont autorisés à se rendre spontanément justiciables du conseil des anciens ou des tribunaux des Kazas, sans l'assistance du consul, dans les contestations dont l'objet n'excède pas la compétence de ces conseils ou tribunaux, sauf le droit d'appel par devant le tribunal du sandjak, où la cause sera appelée et jugée avec l'assistance du consul ou de son délégué.

Toutefois, le consentement du sujet étranger à se faire juger, comme il est dit plus haut, sans l'assistance du consul, devra être donné par écrit et préalablement à toute procédure.

Il est bien entendu que toutes ces restrictions ne concernent point les procès qui ont pour objet une question de propriété immobilière, lesquels seront poursuivis et jugés dans les conditions établies par la loi.

Le droit de défense et la publicité des audiences sont assurés en toute matière aux étrangers qui comparaîtront devant les tribunaux ottomans, aussi bien qu'aux sujets ottomans.

Ce coup d'œil rapide jeté sur la situation légale des étrangers en Egypte aurait dû, sur la simple lecture de quelques documents, convaincre immédiatement les puissances de la nécessité d'une réforme judiciaire.

Malheureusement, les consuls n'abandonnent jamais qu'à leurs corps défendant les parcelles de leur omnipotence en Orient.

Pour limiter l'action néfaste des chancelleries, il fallut l'énergie et la persévérance d'un homme qui, tout jeune, avait compris la nécessité de la création de tribunaux sérieux, distribuant impartialement la justice et assurant, par leur fonctionnement régulier, la légalité substituée d'un côté au bon vouloir des consulats, de l'autre côté à la volonté d'un khédive.

Il fallut encore que le réformateur, pour obtenir gain de cause, fit au nom du peuple indigène les plus grandes concessions.

Son œuvre n'eût pas été complète s'il n'avait également règlementé les tribunaux musulmans ; si, après avoir endigué les consulats, il n'avait également contenu les mosquées. En effet, le gâchis était complet dans la justice européenne ; il l'était aussi dans la justice indigène.

Elle tenait toute entière dans ce dicton peu rassurant :

« Le Nil Blanc, c'est le fond du Nil Rouge, c'est la mort ! »

En effet, il n'existait aucune proportion entre les délits et les châtiments. Un voyage au Soudan était substitué à la traditionnelle tasse de café et pour les fonctionnaires, la disgrâce, c'était un exil d'où l'on ne revenait pas.

Riaz-Pacha avait un faible pour ce système expéditif. Il tenta de débarrasser les provinces des bandits qui les infestaient, ou plutôt — sous prétexte de brigandage — des cargaisons de mille à treize cents hommes étaient expédiées au Nil Blanc, sans autre forme de procès.

On n'a pas oublié les deux derniers épisodes de cette justice toute primitive.

Midhat-Pacha avait doté la Turquie d'une constitution et pour ce fait avait été exilé à Paris par le sultan Abdul-Hamid II. Il y séjourna quelques mois et tous ceux qui approchèrent de l'homme d'Etat, coupable d'avoir tenté d'importer les mœurs parlementaires dans l'empire ottoman, se plurent à reconnaître l'étendue de ses connaissances et l'élévation de ses idées. Ce fut donc avec une sorte de soulagement que les amis de l'exilé apprirent que le sultan le grâciait et le rappelait dans son pays natal. La grâce cachait une condamnation à mort. Vivant, Midhat effrayait encore son souverain. Aussi, dès son retour à Constantinople fût-il jugé par une cour suprême, sur des témoignages sciemment faux et condamné, par ordre, à un exil perpétuel dans le Hedjaz, ce Nil Blanc, ce Soudan des Turcs. Installé dans un petit village, le grand vizir, dépouillé du peu qu'il possédait, fut contraint, pour vivre, d'apprendre l'écriture et la lecture aux enfants des habitants. Pour rénumération de son professorat, les parents des écoliers donnaient à Midhat-Pacha des vivres et des vêtements. Un jour, les villageois reçurent de leur vali, du gouverneur de la province du Hedjaz, l'ordre de ne plus envoyer leurs enfants chez le vizir devenu Khodja et....... *le pacha réformateur mourut de faim*. C'était un consul français, auprès duquel il était venu chercher asile, qui l'avait livré à la justice expéditive du sultan Abdul-Hamid. Ce consul, qui avait manqué à tous ses devoirs d'homme civilisé et de représentant de la France, fut très étonné quand arriva la dépêche annonçant le *décès*, *pour cause inconnue*, de Midhat-Pacha.

Dans cet événement, c'était le juste qui portait le poids des institutions de son pays.

Le *Mouffétiche*, Moustapha-Sadyk-Pacha, ce ministre si connu d'Ismaïl Pacha, ne se trouvait pas dans les mêmes conditions, mais sa mort mystérieuse, sans le fonctionnement d'aucun tribunal, n'en est pas moins répugnante pour les idées européennes.

Le Mouffétiche avait entassé millions sur millions et couvert tout un quartier de ses somptueux harems. Sous prétexte de concussions, deux fois le contrôle anglo-français avait essayé de lui faire rendre gorge. Le khédive s'en chargea. Il manda son ministre au petit palais de Koubbet. Il le fit monter en voiture, à côté de lui, et par la longue avenue d'orangers qui parfume la route à plusieurs kilomètres, le souverain et son serviteur traversèrent le faubourg de Fagallah et toute la ville du Caire. On franchit le Nil, sur le pont superbe qu'a construit en fer, sur la rivière, la compagnie de Fives-Lille. Enfin on atteignit Ghézirèh, et la voiture se rangea contre la porte d'un petit kiosque attenant au palais vice-royal. Le ministre et son maître mirent pied à terre et entrèrent dans la salle, où étaient préparées des cigarettes — dont le Mouffétiche faisait une prodigieuse consommation.

Sous un prétexte ou sous un autre, Ismaïl-Pacha se retira en fermant les portes derrière lui. Quand Moustapha-Sadyk, las d'attendre son souverain, voulut sortir à son tour, il s'aperçut que toutes les issues étaient gardées par des troupes. Un aide de camp du palais fit saisir le ministre par de robustes soldats et le ministre des finances fut emporté rapidement dans une dahabièh, qui attendait au pied du palais. Il fut jeté dans la cabine dont les fenêtres et la porte étaient grillées.

Au moment où l'embarcation, se dirigeant vers le Nil Blanc, passait sous le pont de Kasr-el-Nil, un piéton entendit les *aman!* désespérés du ministre. Gordon raconte qu'il a vu au-dessus de Khartoum passer la singulière dahabièh.

Il dit aussi que le ministre avait déjà deux fois tenté de se suicider pendant le voyage. Toujours est-il que, bientôt après ce départ, on apprit au Caire que le Mouffétiche était mort au Soudan d'une *maladie inconnue*. Selon les gens bien informés, il n'aurait pas été si loin. Sa fortune fut confisquée au profit de la caisse de la Dette et de la caisse d'Ismail. Ses palais et ses harems furent transformés en ministères. Ses femmes furent vendues, sauf celles qui étaient mères. Son fils reçut une pension viagère pour faire vivre ce qui restait des nombreuses *odaliks* de son père.

Pour le menu fretin, la justice indigène ne prenait pas tant de peine. Ou le Kadi était acheté par le coupable, ce qui était d'autant plus facile que les fonctions de juges n'étaient pas rétribuées, ou le Kadi trouvait un moyen de se débarrasser rapidement et sans frais de tous les malheureux qui, sans jugement, étaient entassés dans les prisons. Un moudir, dont l'imagination semble fort développée, avait inventé un système expéditif réunissant toutes les garanties de sûreté et de discrétion désirables. Il faisait plonger les détenus dans un bain de sable chaud et les faisait frapper sur les tempes.

Ce justicier prétendait que, même pour les médecins légistes, cette mort ressemblait au décès par apoplexie. Un autre devait avoir garni les cellules des prisons d'un monde de scorpions spéciaux et d'une collection complète de ces aspics, que la science n'a pas retrouvés depuis Cléopâtre. En effet, les inculpés y mouraient par dizaines à la fois de morsures venimeuses.

La prison, c'était le Nil-Blanc des pauvres.

Ces moyens violents répugnaient au caractère humain de Nubar-Pacha, d'autant plus que ce système était inefficace à enrayer le brigandage, aussi bien que les bateaux à soupapes qui, dans la rade d'Alexandrie, recevaient tous les vagabonds rafflés par la police dans les quartiers mal famés. Ces bâtiments, inventés par Riaz, s'ouvraient la nuit et la cargaison humaine était noyée.

Le réformateur voulut rester dans la légalité. Il commença par rendre les cheïks des districts responsables de tous les crimes ou délits commis dans ces districts, lorsque les coupables n'étaient pas retrouvés. Ceux-ci se virent donc obligés de signaler les malfaiteurs ou les vagabonds, sous peine d'être condamnés eux-mêmes. De plus, grâce au respect, à la vénération dont ces cheïks sont l'objet de la part de leurs coréligionnaires, ils étaient presque assurés que le délinquant leur serait dénoncé. Cependant, la crainte de la vengeance des criminels pouvait retenir ces sortes de juges de paix, de maires musulmans. Pour les affranchir de toute crainte, on forma, au chef-lieu du district, un tribunal composé de tous les cheïks des villages environnants sous la présidence du moudir.

Devant ce tribunal, étaient traduits les gens sans aveu, sans profession, sans moyens d'existence. Quand aucun crime ou délit n'était relevé à la charge des accusés, ils étaient soumis à une stricte surveillance. Quand au contraire, ils étaient jugés coupables, on les condamnait à une amende ou à un emprisonnement. Quand un crime était prouvé, un rapport était transmis au parquet qui poursuivait.

Comme souvent, dans ces tribunaux, les juges improvisés n'ont pas une connaissance assez approfondie des lois pour les appliquer proportionnellement aux délits, chaque moudir est assisté d'un procureur indigène.

Nubar-Pacha, au moment où il organisa cette justice patriarcale, comprit que l'intrusion de l'élément européen dans ces tribunaux de province en compromettrait le fonctionnement et en vicierait l'esprit. Les Anglais tentaient en effet d'imposer aux moudirs des juges anglais, et d'accaparer ainsi toutes les provinces en y détenant l'application des lois. Le président du conseil se gendarma et ne voulut admettre auprès des moudirs que des indigènes, qui, pour la plupart, avaient obtenu leurs diplômes en France, comme boursiers du gouvernement Égyptien, suivant les cours de nos facultés de droit de Paris ou d'Aix.

Cette réforme a déjà donné des résultats. Les crimes et délits dans les provinces sont excessivement rares ; un rapport de police du 7 juin 1885 — pris au milieu d'autres — ne mentionne qu'un meurtre par imprudence et un vol..... commis par un Européen. Alexandrie et le Caire, malgré la lie de toutes les nations qui s'y donnent rendez-vous, peuvent être classés parmi les villes les plus sûres. Il y en a peu en Europe, qui, à ce point de vue, puissent leur faire concurrence.

Et il faut malheureusement reconnaître que, parmi les crimes retentissants de l'année dernière, les coupables sont tous des étrangers. Un individu jette une bombe explosible qui blesse M. Piétri au visage : le coupable est Italien. Un boucher est lardé à coups de couteau dans le quartier Rosetti : le coupable est Italien. Une fille de brasserie est blessée de trois coups de poignard ou de canne à épée : le coupable est Italien. C'est le hasard seul qui a accumulé ces différents crimes sur la nationalité italienne. Les autres nations ne dédaignent pas de se signaler par des assassinats. La cause en est peut-être la limitation de la compétence des tribunaux mixtes, auxquels échappent les causes correctionnelles et criminelles.

Quoiqu'il en soit, la réforme a déjà porté ses fruits. L'homme le plus en situation de juger les résultats acquis les a résumés ainsi :

« Des susceptibilités à Constantinople et le désir du vice-roi de maintenir intact son pouvoir arbitraire sur ses sujets égyptiens en s'affranchissant du respect qu'il devait à ses propres lois, furent cause que la réforme fut limitée et que les tribunaux, au lieu d'avoir une compétence générale s'étendant sur tous les indigènes comme sur les étrangers, ne purent connaître que des relations du gouvernement avec les étrangers, de celles des indigènes avec ces mêmes étrangers et des contestations entre étrangers de nationalités différentes.

« Quoique limités dans leurs attributions, ces tribunaux ont eu une action salutaire et bienfaisante en Égypte.

« Ils ont moralisé les colonies étrangères. La preuve la plus convaincante, c'est que le gouvernement, assailli jadis de procès qui donnaient naissance à autant d'actions diplomatiques se traduisant en des millions d'indemnité, n'a plus à payer d'indemnités, n'a plus eu d'actions diplomatiques à subir.

« Avant l'établissement des tribunaux, les travaux publics et ceux propres au gouvernement étaient tous exécutés en corvées ; on ne pouvait remplacer ce mode de travail, ruineux pour le pays et démoralisant en même temps, que par les machines et la science européennes ; or, le manque de garanties, de sécurité du gouvernement à l'égard des étrangers, était un obstacle à l'appel que le gouvernement aurait pu faire aux capitaux et aux ingénieurs de l'Europe. Avec les tribunaux ces garanties nécessaires existent actuellement, et les corvées disparaissent graduellement devant la science mécanique de l'Europe et ses capitaux,

« En un mot, ces tribunaux ont ouvert une ère nouvelle à l'Egypte. Une idée féconde a été introduite en Orient, celle d'une justice organisée d'une manière indépendante, appliquant une loi décrétée par le gouvernement, mais à laquelle le gouvernement lui-même est soumis. Finalement ces tribunaux ont constitué pour la première fois en Orient un gouvernement régulier, par cela seul qu'ils lui ont appris qu'on ne gouverne pas par le bon plaisir, qu'il n'y a pas pour lui que des droits, mais qu'avec ces droits, le gouvernement a aussi des obligation.

« ,.... Au point de vue moral, on peut dire hardiment que « l'organisation de la justice a amené une véritable révolution « dans les esprits.

« L'indigène a, pour la première fois de son existence, vu « un corps constitué ayant assez de force pour résister et « résistant à des actes arbitraires du vice-roi ; il a vu ce vice- « roi, jadis si puissant, obligé de restituer des propriétés ac- « quises par la force ou la fraude ; il a vu enfin ce vice-roi « destitué et le gouvernement obligé de tenir compte des « sentences rendues par les tribunaux et payer les porteurs « de ces sentences.

« Un autre spectacle qui, pour être moins éclatant, a eu « un effet plus immédiat, s'est présenté aussi à lui. Avant « l'institution des tribunaux de la réforme, les Européens « répandus dans les villages, les agents consulaires, Syriens « ou autres, d'ordinaire, opprimaient et exploitaient l'indi- « gène, auquel toute justice contre eux était fermée : depuis « l'organisation des tribunaux de la réforme, non seulement « cette exploitation a cessé, mais combien d'indigènes se « sont vu allouer des indemnités par ces agents consu- « laires, par ces puissants négociants étrangers ! Et les in- « digènes ont été naturellement conduits à se dire que, « puisque la loi et les tribunaux les protégeaient contre ceux « qui jadis les exploitaient, il n'y avait pas de raison pour « qu'ils n'eussent pas cette même loi et ces mêmes tribu- « naux pour les protéger contre le gouvernement, et surtout « contre les abus de pouvoir des fonctionnaires de ce gou- « vernement. »

Telle est l'œuvre et tels sont les résultats.

Un publiciste, dans un opuscule paru récemment, ajoutait avec beaucoup de raison :

« Aucun peuple, à aucune époque de l'histoire, n'a présenté une magistrature recrutée partout, comme celle qu'a constituée la réforme judiciaire en Egypte. Sous l'égide de Thémis, c'est la fraternisation des peuples des deux mondes, France, Angleterre, Allemagne, Autriche, Italie, Grèce, Hollande, Belgique, Etats-Unis d'Amérique : toutes ces contrées fournissent des représentants aux tribunaux mixtes à côté des originaires d'Afrique et d'Asie. Diversité des langues, des religions, des physionomies. On supposerait que ce mélange doit amener la confusion, le conflit, le chaos. Nullement ! L'identité de la raison chez les hommes, quelle que soit leur race, les fait tous coopérer au même but, sur les bords du Nil, dans le temple international de la Justice. »

Et M. Barrère lui-même (*quantum mutatus !*) écrivait à ce propos dans la *Nouvelle Revue :*

« L'initiative politique de Nubar aux bords du Nil a été acquise à la justice et à la liberté, son autorité toujours dirigée contre l'arbitraire du Khédive. »

C'était faire le plus bel éloge du réformateur de la justice en Egypte.

IV

LES FINANCES

Vassal et Suzerain. — La vieille Turquie. — Le Canal de Suez. — Les Notables. — Partis politiques. — Missions financières. — Le Contrôle et le Condominium Anglo-Français. — La Moukaballah. — *Emprunts. — Résumé jusqu'en* 1885.

Ainsi que le catholicisme, le monde musulman a vu naître et grandir des schismes. Sans vouloir faire l'étude historique de la foi de Mohammed, nous mentionnerons ces deux grandes fractions des Sunnites et des Schütes, qui elles-mêmes ont donné naissance aux sectes qui dénaturent ou amplifient les préceptes du Prophète depuis les plus fanatiques pratiquants : les derviches hurleurs, jusqu'aux pratiques commodes des derviches tourneurs et des Bektachis. Mohammed a ses ultramontains et ses athées.

La cohésion politique n'existe pas davantage. Un simple coup d'œil en arrière, en remontant seulement au commencement du siècle, nous en convaincra.

Lorsque Mohammed-Ali, le fils de l'agha inconnu de l'Épire, le marchand de tabac de Cavalla eut défendu sa province contre l'invasion anglaise, il songea tout d'abord à la purger des Mamlouks, à la protéger contre les peuples du Dongola, de la Nubie, et du Kordofan, enfin à la débarrasser des sectaires Wahabites.

Sans l'intervention des puissances, — intervention dont la France fut exclue, — il aurait secoué le joug du Sultan, après la campagne de Syrie et la bataille de Nézib en 1839.

De ses yeux perçants, mobiles et singulièrement lumineux, le fondateur de la dynastie avait deviné les différents ennemis auxquels ses successeurs auraient à disputer son héritage : l'étranger, les milices prétoriennes, le désert noir, le fanatisme et les Turcs.

Ces maux, enrayés par le Régénérateur, ont repris racine depuis lors et n'ont fait qu'empirer.

L'armée a produit Arabi.

Le désert soudanais a donné naissance à Mohammed-Akmed, le Mahdi.

Les Turcs sont revenus pour attiser les discordes dans les jours critiques.

Les fanatiques, arabes ou *maltais*, ont fait les massacres d'Alexandrie.

Les étrangers ont accaparé les places, et, leurs appointements ont ruiné le pays.

Il nous a donc paru curieux d'étudier chacun de ces éléments de dégénérescence, l'un après l'autre, en réservant Arabi et le Mahdi qui sont plus directement causes de l'occupation anglaise.

Par la convention du 15 juillet 1840, la Turquie, la Grande-Bretagne, l'Autriche-Hongrie, la Prusse et la Russie préparaient le firman du 22 mai 1841, qui octroyait l'investiture comme vice-roi à Mohammed-Ali, en fixant le tribut annuel dû par le vassal à son suzerain et le mode de paiement.

Le Pacha révolté qui avait fait trembler le grand Seigneur était reconnu ainsi que ses descendants en ligne directe, par ordre de primogéniture, pacha d'Egypte, d'Acre et de Syrie.

Toutes les lois et tous les traités de l'empire ottoman étaient applicables au pachalik, qui, moyennant un tribut annuel et l'engagement de respecter l'acte séparé annexé à la convention conclue à Londres, devenue la base du droit public européen en Egypte — conservait l'administration civile, militaire et financière des provinces détachées de l'empire turc.

Ibrahim succéda à son père en 1848. Il avait été envoyé en France et en Angleterre pour s'y former au contact de la civilisation.

Mohammed-Ali l'avait fait guerroyer contre la Grèce soulevée et contre les Turcs. Il avait été mêlé à ces deux épopées d'où sortirent deux peuples : Navarin et Nézib.

Besson-Bey avait créé une marine, Suleyman-Pacha avait organisé une armée, les Français avaient pour ainsi dire fait sortir de terre le coton et avec des ressources moins développées, avec des campagnes lointaines, avec des dépenses énormes pour tout ordonner, l'Égypte n'avait pas de dettes et payait régulièrement à la Porte le tribut établi.

Abbas et Saïd furent trop occupés dans leurs états pour songer à diminuer l'influence débilitante de la Turquie. Ismaïl s'y attacha sans relâche et c'est, historiquement, le plus grand mérite de son règne de seize années.

Flattant les idées paternelles d'Abdul-Aziz, il obtint du Sultan le firman du 17 mai 1866, qui change l'ordre de succession au trône d'Égypte.

L'année suivante, Ismaïl se faisait accorder le titre de khédive et la faculté de conclure des traités de commerce et autres sans caractère politique. Une restriction était apportée, en 1869, à la faculté laissée au Khédive de contracter des emprunts extérieurs.

Par ce nouveau firman, les contrats devaient être préalablement soumis à l'approbation du Sultan. Le 25 septembre 1872, Abdul-Aziz revenait sur cette décision et, en 1874, l'Égypte obtenait définitivement une existence séparée.

Le Khédive d'Égypte recevait la permission de faire des règlements intérieurs et des lois toutes les fois qu'il serait nécessaire.

« Il était aussi autorisé à contracter, sans porter atteinte « aux traités politiques de la Sublime-Porte, des conven- « tions avec les agents des puissances étrangères pour les « douanes, pour le commerce, pour toutes les affaires inté- « rieures et autres du pays, et cela dans le but de dévelop- « per le commerce et l'industrie et de régler la police des « étrangers, ainsi que leur situation et tous leurs rapports « avec le gouvernement et la population. »

Le document ajoutait :

« Le Khédive a la disposition complète et entière des affaires financières du pays. Il a pleine faculté de contracter sans autorisation, au nom du gouvernement égyptien, tout emprunt à l'étranger toutes les fois qu'il le croira nécessaire.

« Le premier devoir du Khédive et le plus essentiel étant la garde et la défense du pays il a autorisation pleine et entière de pourvoir à tous les moyens et établissements de défense et de protection, conformément aux nécessités du temps et des lieux, et d'augmenter ou de diminuer, selon le besoin, sans qu'aucune limite lui soit imposée, le nombre de mes troupes impériales d'Égypte.

« Le Khédive conservera, comme auparavant, le privilège

de conférer des grades dans l'ordre militaire jusqu'au grade de colonel et dans l'ordre civil jusqu'au grade de *Rulbé Sanièh.* La monnaie qui sera frappée en Égypte doit être frappée en mon nom impérial, les drapeaux des troupes de terre et de mer seront les mêmes que les drapeaux de mes autres troupes, et comme bâtiments de guerre, les bâtiments blindés seuls ne pourront pas être construits sans ma permission. . . . .

. . . .

« Tu apporteras aussi la plus grande attention à remettre chaque année, sans retard, et dans son entier, à mon Trésor impérial, les 150,000 bourses de tribut établi.

« Le 13 *Rébi-ul-Akhir* 1290. »

Depuis, l'intrusion de la Turquie dans les affaires intérieures ou extérieures de l'Egypte, n'a eu lieu qu'avec l'assentiment — ou plutôt l'appui — des puissances, sachant combien de troubles sèment dans le pays les envoyés du Sultan et combien il est facile de pêcher en eau trouble.

La Turquie, malgré son titre de suzeraine, n'a donc qu'un droit bien limité de contrôle dans la marche du khédiviat. Mais elle a tout un parti sur les bords du Nil, un parti qui compte des noms, sinon des hommes : Riaz Pacha et Ali Pacha Riza en tête.

Le premier a montré son incapacité. Nous ne saurions le blâmer d'étudier à fond les affaires, mais nous devons reconnaître que ces études ont forcé souvent l'ancien ministre à agir seulement quand il était trop tard ou inopportun.

Ali Pacha Riza, l'administrateur des chemins de fer, qui a pu par hasard rosser des huissiers, a un mérite énorme, c'est qu'il connaît l'Europe dans des détails que Riaz est incapable d'apprécier. De plus, Ali Pacha Riza possède une amabilité affranchie de toute morgue, une grande érudition, une connaissance de nos mœurs et de notre langue qui, à un moment donné, pourraient en faire un homme précieux aux affaires étrangères.

Ni brouillon et cruel comme Riaz, ni orgueilleux et vide comme Chérif, Ali Pacha Riza est un bon organisateur plein d'ordre et d'idées justes. Il n'a qu'un tort, celui de rester embourbé dans le parti vieux turc, dans lequel il ne voit le salut que par haine de Nubar Pacha et des puissances étrangères, dont il juge l'ingérance aussi funeste qu'inutile.

Il n'a pas tout à fait tort.

Les étrangers, depuis que Mohammed Ali les a appelés en Egypte pour civiliser et organiser, depuis que tous les successeurs du pacha réformateur leur ont distribué toutes les hautes fonctions dans le pays, se sont habitués à s'y considérer comme dans une terre conquise, qu'ils exploitent de même que les mineurs leurs placers ou leurs *claims*.

Battre le Fellah est devenu synonyme de battre monnaie. Depuis le règne désastreux d'Ismaïl Pacha, tout a été envahi par les Européens et souvent les représentants de notre civilisation occidentale n'en sont que la lie.

Dès l'avènement d'Ismaïl, les puissances crurent qu'une ère nouvelle allait s'ouvrir pour le pays enlevé à la domination effective du sultan.

On croyait encore que le nouveau Khédive, ayant longtemps séjourné en France, parlant couramment notre langue, ayant dépouillé sa peau de vieux turc, se transformerait en européen, en vali-français — espéraient nos compatriotes.

De taille moyenne, de manières distinguées, hospitalier, aimable convive, affable et beau parleur, il n'avait conservé du musulman fanatique et de son origine que le regard étrange, quoique un peu adouci, de Mehemet Ali.

Un nombre considérable d'hommes instruits et connus par leurs commentaires faciles du Koran, entouraient le jeune prince qui, sous son oncle Abbas, avait été désigné comme le chef occulte d'un parti opposé aux systèmes énergiques qui avaient distingué les règnes précédents.

Ismaïl et son conseiller, devenu célèbre sous la dénomination de *Mouffetich*, Ismaïl Sadyk Pacha, échappèrent au ressentiment de l'ombrageux et féroce Abbas. Sous le règne plus doux de Saïd, Ismaïl le remplaça comme régent, pendant son pèlerinage à la Mecque et pacifia le Soudan.

Au moment de son avènement, l'Egypte était dans une passe des plus florissantes. Après de longues et lointaines expéditions, la paix était rendue ininterrompue.

Les ressources du pays excédaient les dépenses et avec la prospérité croissante, sa dette n'avait rien d'inquiétant. La France et l'Angleterre étaient seules alors à se disputer la suprématie sur les bords du Nil, et les compétitions multiples n'étaient pas encore venu apporter le trouble — à l'état aigu, — dans la vice-royauté.

Malheureusement les questions financières brouillaient peu à peu les cartes. Le canal de Suez se poursuivait activement et l'œuvre de M. de Lesseps concourait à hérisser d'obstacles la route d'Ismaïl Pacha.

Le travail gigantesque, conquête de l'homme sur la nature, ne s'achevait qu'au prix de sacrifices énormes d'argent et d'hommes.

Lord Palmerston, opposé au canal, fut enchanté que cette opération financière coûtât près de vingt millions de livres au Kkédive, qui ne reçut aucune compensation en retour de ce lourd sacrifice.

Il ne prévoyait pas tous les profits que ses compatriotes devaient en tirer.

En affranchissant les Fellahs des corvées, Ismaïl perdit encore plus de trois millions de livres qu'il fut condamné à payer. Avec l'aide de français et d'anglais, mais surtout de conseillers honnêtes et connaissant le pays, il tenta de réformer l'instruction publique, fonda Suez et son port, donna un nouvel essor à l'agriculture et au commerce, laissa Nubar Pacha remplacer les anciens pouvoirs juridiques des chancelleries étrangères par les tribunaux internationaux; enfin, en 1878, il essayait d'importer en Égypte le régime parlementaire, en créant la Chambre des Notables.

Hâtons-nous de dire que ces gentilshommes campagnards n'acquirent pas immédiatement une connaissance exacte des droits constitutionnels que l'Angleterre voulait acclimater sur les bord du Nil. Ces fameux notables, presque tous incapables de signer leur nom, ne savaient pas trop ce que l'on exigeait d'eux. On les étiquetta sur le modèle des chambres européennes.

Mais quand on leur apprit que de tel à tel autre banc siégeaient les représentants de l'opposition, tous ces propriétaires fonciers pâlirent de terreur, à la seule pensée de discuter quand le maître ordonnait.

Depuis, les notables ont changé d'esprit, mais cette innovation, calquée sur nos mœurs parlementaires était jugée si inutile, qu'il fut convenu que la chambre se réunirait *au moins* une fois tous les deux ans. On mentionna le *moins* et pas le *plus*.

La tendance anti-panislamique se manifesta clairement sous Ismaïl. Il voulait arracher un peu de son autorité religieuse au sultan, se faire nommer vice-khalif comme il était vice-roi. Et dans toute ses négociations avec la Porte il employait le moyen sûr d'attendrir l'âme vénale d'Abdul Aziz, l'or.

C'est en répandant des millions de livres en *bagtchich*, en comblant de présents les femmes du harem du Padischah, en augmentant sans cesse le tribut qu'il payait à la Porte, qu'il obtint l'hérédité directe pour ses enfants et le titre de Khédive-el-Masr.

Le jour où l'argent lui manqua, il rencontra d'insurmontables obstacles dans l'accomplissement de son projet d'affranchissement. Après la période de prospérité allait commencer celle des revers.

Le sultan ouvrit les hostilités en le tançant vertement d'avoir rappelé prématurément les troupes qu'il avait envoyées en Crète, en s'opposant à la création des tribunaux mixtes, en l'obligeant à lui rendre les cuirassés et les fusils à aiguille. La Porte profitait des premiers embarras de son vassal, en faisant acte de suzeraine dans l'Iémen, où les troupes turques rétablissaient l'ordre.

Tous les efforts d'Ismaïl restaient nuls devant l'envahissement européen. En vain Baker-Pacha et Gordon tentaient d'enrayer la traite des nègres dans le Soudan, en vain les deux anglais étendaient sérieusement la domination du vice-roi jusqu'à l'équateur ; en vain le prince Hassan allait essuyer deux défaites en Abyssinie pour y établir l'autorité de son père ; toutes ces tentatives, en coûtant des sommes énormes, rendaient plus grands de jour en jour les embarras financiers du pays et en ouvraient la porte aux contrôleurs étrangers.

Il fallait en effet de l'argent à Ismail-Pacha pour élever des villes sur du sable, pour haussmanniser le Caire et Alexandrie, pour calquer ce qu'il avait vu d'utile ou d'agréable dans les capitales européennes. Les emprunts s'étaient multipliés, les intérêts exigés étaient exorbitants, la dette flottante avait rapidement grossi, et, l'Egypte se trouva dans une crise financière des plus terribles.

En 1875, l'Angleterre rachetait pour 4 millions de livres de Suez qui en avaient coûté 5 à Ismail, et le desarroi était tel que M. Cave, receveur général, fut envoyé pour examiner la situation financière du pays. Rien ne sortit du rapport que la connaissance exacte des embarras trop visibles par eux-mêmes.

M. Rivers Wilson, qui succéda à M. Cave, ne trouva pas davantage un remède à la situatiou. Les Bondholders s'en mêlèrent ainsi que les tribunaux mixtes et... et la mission Goschen-Joubert n'arriva qu'à affamer le pays et à le mettre complètement dans la dépendance du Nil.

Il fallait que les crues fussent exceptionnellement bonnes pour qu'on put payer les 7 o/o d'intérêt réclamés par le décret élaboré par les commissaires. C'est à la suite de cette mission que Sadyk, le *Mouffetich*, disparut, après une promenade en compagnie du khédive. Plus tard arriva du Dongola l'acte de décès de ce ministre, par *causes naturelles*.

La dernière mission, à laquelle M. de Lesseps prêta son concours, força le vice-roi à abandonner un million d'acres de terrain qu'il possédait et à rappeler Nubar-Pacha.

Dans le nouveau ministère s'immiscèrent les hommes de l'Europe. Les deux contrôleurs, MM. Wilson et de Blignières en firent partie. Une émeute en résulta. L'armée n'avait pas reçu de solde depuis plus d'un an.

M. Wilson manqua d'être écharpé dans les rues du Caire le 18 février 1879.

Ismaïl, effrayé, renvoya ses ministres. Voilà à quel point s'était accentuée l'immixtion de l'Europe malgré les paroles de M. Waddington qui, en 1878, disait hautement que l'intervention franco-anglaise était toute officieuse et n'avait qu'un but, sauvegarder les intérêts des Français et des Anglais engagés dans la Dette égyptienne. L'éponge trop pressurée ne contenait plus rien.

M. Waddington oubliait d'ajouter que si son protégé, M. de Blignières, avait été nommé en Egypte ministre des travaux publics, pendant qu'à M. Wilson échoyait le portefeuille des finances, c'était surtout pour faire nommer une commission de trois membres, sous prétexte de faciliter sur les marchés de Londres et de Paris les spéculations de crédit que réclamait la pénurie du trésor égyptien, pour administrer les biens cédés par le khédive et en faire parvenir les revenus aux maisons Rotschild.

La chute du ministère européen étant un coup droit porté à une grosse maison de banque, M. Waddington se fâcha et déclara que le prestige de la France exigeait un prompt châtiment. Un bâtiment français fut envoyé dans les eaux d'Alexandrie, deux jours après l'attentat dont M. Wilson avait failli être victime.

Ismaïl, devant cette attitude menaçante du cabinet français, accepta les conditions stipulées : il n'avait plus le droit d'assister au conseil des ministres.

Les deux membres européens du ministère égyptien pouvaient opposer un *veto* absolu aux décisions qu'ils désapprouvaient. Un gouvernement républicain chez lui, se montrait ainsi en Égypte plus autoritaire que le sultan lui-même.

Ismaïl renvoya ce cabinet comme il avait renvoyé le précédent. Il déclara qu'il acceptait toute la responsabilité de sa situation, nomma des ministres indigènes, responsables devant la Chambre des notables et s'engagea à payer toutes les dettes.

L'Allemagne apparut alors. Elle déclara — à tout hasard — que les réclamations de ses nationaux seraient maintenues et donna ainsi lieu à une crise qui se termina par l'intervention de la Turquie et l'abdication d'Ismaïl.

Grâce au firman de 1866, la couronne khédiviale passa à son fils aîné, Mohammed-Tewfick, au détriment du prince Halim, héritier par primogéniture, selon la loi musulmane. Immédiatement, deux partis politiques se formèrent.

Le nouveau khédive passait pour être le simple jouet de la politique européenne : les ismaïlistes, recrutés parmi les fonctionnaires, les fournisseurs, les jouisseurs du règne précédent s'obstinèrent à préparer le retour d'un prince qui, sous une forme ou une autre, pour le bien ou le mal du pays, avait répandu à profusion l'or obtenu à des intérêts usuraires.

Le parti vieux turc mit Halim en avant, quoique le dernier des fils de Mohamed-Ali fut loin d'être imbu de l'esprit de fanatisme et d'exclusivisme requis dans le représentant du parti religieux et ultramontain. Frisant la soixantaine qu'accentue son embonpoint, l'ermite d'Ermighian a eu beau s'enfermer dans son konak de la côte d'Asie pour se faire oublier ; il n'a pu y parvenir. Placé souvent dans une position difficile par des serviteurs trop zélés, il a su, sans porter ombrage au soupçonneux successeur de Mourad V, servir de drapeau tantôt à une faction politique, tantôt à une autre, et, plus le retour d'Ismaïl semblait incertain, plus l'avènement de Halim sembla proche, quelquefois.

Il apparaissait en Europe avec tout le prestige que lui donnaient ses études faites à l'école d'état-major de Paris ; plus sérieux que Moustafa-Fazyl pendant ses longs séjours à Paris, à Londres et à Vienne, il s'était créé des amitiés par son caractère sympathique et son instruction assez étendue pour un oriental.

Halim devint malheureusement l'instrument dont la Porte se servait pour obliger Tewfick, tremblant devant cet épouvantail, à en passer par les volontés du suzerain. Les puissances, de leur côté, employaient Ismaïl, retiré à Naples, de la même façon, de sorte que le nouveau Khédive ne sut bientôt plus où donner de la tête. Pris entre les deux plateaux de la balance, il se raccrocha tantôt à l'un tantôt à l'autre, ressemblant ainsi à l'homme qui veut s'asseoir entre deux chaises et doit infailliblement finir par s'asseoir par terre.

L'Europe lui imposa le *condominium* anglo-français de MM. de Blignières et Baring.

Les contrôleurs n'eurent plus le droit de vote et de veto dans le conseil des ministres, mais ils purent y assister avec les pouvoirs les plus étendus. Tous les documents administratifs devaient leur être confiés et, chaque semaine, ils contrôlaient les recettes et les dépenses du ministère des finances ; chaque mois, celles des autres départements.

Inamovibles, sauf sur l'ordre de leurs gouvernements respectifs, ils supprimaient à leur guise les fonctionnaires considérés par eux comme inutiles et chaque année ils préparaient le budget.

Le 5 avril 1880, une commission internationale fut adjointe aux contrôleurs. Elle conclut dans son rapport signé par l'Angleterre, la France, l'Allemagne, l'Autriche, l'Italie et les représentants des tribunaux mixtes et du gouvernement égyptien, à fixer à 4 o/o l'intérêt de la dette, et à appliquer tout revenu dépassant 5 o/o à la réduction immédiate de la dette par des rachats successifs.

Alors commencèrent, ou plutôt recommencèrent les tiraillements entre notre contrôleur général M. de Blignières et notre consul M. de Ring.

Leurs buts étaient aussi opposés que leurs points de départ. L'agent diplomatique se basait sur le traité de 1841 pour tenter de donner au pays une sorte de *self-government*. Le représentant financier ne voyait que les chiffres et, sans se soucier de notre prestige politique, tendait à tout sacrifier aux intérêts des créanciers.

Ces divergences ne devaient pas, ne pouvaient pas aider à asseoir notre suprématie en Égypte, d'autant plus que les deux représentants de l'Angleterre avaient compris toute l'importance de la force de cohésion.

L'absorption de l'administration par les contrôleurs eut des résultats néfastes. Ismaïl avait établi la *Mokaballa*, c'est-à-dire la possibilité pour le fellah de devenir propriétaire du sol, à condition d'acquitter d'avance le montant des impôts d'un certain nombre d'années.

La mesure économique était d'un goût douteux, et le contrôle mit le comble à l'iniquité en s'emparant de ces terrains et en les vendant. Un bénéfice en fut retiré, mais le paysan ne reçut que 3 o/o d'intérêt sur la somme qu'il avait versée pour cesser d'être le tenancier de l'État et que souvent il avait empruntée à un taux d'intérêt dix fois plus fort. C'était ruiner toute la petite agriculture au profit de quelques étrangers, échappant généralement en Égypte à toute redevance.

Voilà comment devenait de jour en jour plus désastreuse l'intervention de l'Europe dans la vallée du Nil. Combien nous sommes loin de l'époque où, sous l'impulsion des chercheurs de fortunes, le pachalik de Mohammed-Ali croissait et prospérait. Avant de tuer la poule, on la gavait.

Le pays était pauvre d'argent, les Européens en avancèrent. En 1860, ils font tripler les récoltes en donnant au fellah de quoi acheter les instruments aratoires nécessaires pour mettre en culture, irriguer et arroser d'immenses étendues de terrain, stériles auparavant.

Ils établissent des manufactures de coton, paient les machines pour le purifier et le blanchir, établissent des débouchés rapides en créant des ports, en construisant des chemins de fer, en posant des fils télégraphiques.

Les produits agraires se multiplient et s'améliorent. Les palmiers, le papyrus, le coton, le riz, le tabac, le sucre, le maïs, l'indigo, se répandent dans toute la vallée du Nil.

De l'intérieur de l'Afrique, le commerce apporte l'ivoire, le musc, l'ambre, le café, les plumes d'autruche, l'aloès, la rhubarbe, la myrrhe, le safran ; les industries locales fournissent les poteries du haut Nil, les tapis, les armes ciselées, les cuivres repoussés, les vêtements brodés. On demande au sol du marbre, du sel, du natron, du salpêtre, du granit, et aux rivages de la mer Rouge, les émeraudes et le pétrole.

Le colportage s'étend grâce aux Coptes, aux Juifs et aux Grecs, de Korosko à Alexandrie, du Nil à la mer Rouge. Des usines s'installent, les grands travaux sont poussés avec activité. L'Europe entière concourt alors à la prospérité du pays.

L'Angleterre y importe des madapolams, ses tissus, ses machines, son charbon ; l'Italie, son bois et ses pierres ; l'Autriche, ses étoffes ; la Grèce, ses huiles ; la France, ses aciers, ses lainages, ses soies, ses vins. A cette heure de félicité sans pareille, l'Égypte fait vivre l'Europe, mais au moins elle en vit : on nourrit la vache à lait.

Bientôt les jalousies s'éveillent entre les puissances. L'invasion étrangère devient une plaie, aujourd'hui incurable.

L'armée des fonctionnaires européens, sauterelles qui *nettoient* le champ où elles s'abattent, s'est ruée sur l'Égypte, à la suite des créanciers.

Les dettes se sont accumulées : emprunt de 1862, emprunt de 1864 ; 10 millions de livres en 1866 ; emprunt de 1868 et d'autres.

En 1870, Ismaïl emprunte 7 millions de livres. Il en touche 5. La Turquie proteste. Le Khédive achète le Grand-Vizir et la dette fut grevée de 32 autres millions de livres dont le vice-roi ne reçut que 20,062,638 livres — *nominalement* !

La Dette monta bientôt à 1,800,000,000 de francs, dont en réalité l'Egypte n'a jamais touché que 45 millions et à quel taux ! 12 1/2 0/0 au minimum ; 26 ou 27 0/0 plus généralement !

Il faut ajouter encore qu'une Dette flottante de 18 millions de livres fut créée pour payer les intérêts semestriels et se renouvelait avec un intérêt de 28 0/0.

M. Cave, lui-même, finissait par être obligé d'avouer que « l'emprunt de 1873 engloutissait toutes les ressources. Une somme de 34,898,000 livres avait été payée comme intérêt et fonds d'amortissement en dix années et pourtant le capital de la Dette était plus considérable que jamais ! »

Survinrent nécessairement les difficultés pour payer les coupons. Un consul anglais fut amené à faire remarquer que « les créanciers ne devaient pas porter la peine d'un déplorable état de choses dont ils n'étaient nullement responsables. » Cette observation arrivait après que les impôts avaient été perçus un an d'avance.

Le payement du coupon ne se faisait plus qu'au prix de sacrifices immenses et ruineux pour le paysan : vente des récoltes sur pied et augmentation des taxes.

« Tout cela, écrivait l'agent britannique, peut être blâmable, quand il s'agit d'un pays déjà écrasé d'impôts. Aussi j'ai peur que l'administration européenne ne sanctionne inconsciemment la ruine des créateurs agricoles de la richesse de l'Égypte et j'estime que les anglais sont en train d'encourir une sérieuse responsabilité. »

Cette responsabilité, nous devons en assumer notre part comme de tous les scandaleux abus qui contribuaient à grever les terres cultivées.

Je cite cet exemple tiré d'un rapport de M. Vivian :

« Les navires européens, dit-il, sont pleins de marchandises de contrebande qui diminuent les recettes des douanes. Ils peuvent mouiller au large pendant des jours entiers sans être soumis à la visite et une fois les marchandises débarquées chez un européen, il en cuirait aux autorités si elles osaient y toucher. Les classes gouvernantes se vengent sur le fellah qu'elles pressurent sans pitié aucune et qui, patient et dur au travail, comme il l'est, paie pour tout le monde et n'a personne pour le défendre. »

Quelquefois les récoltes manquaient, comme en 1877. La caisse était vide. La troupe et les employés ne touchaient pas de solde pendant des mois et des trimestres, et... « le propre peuple du khédive murmurait contre le payement intégral des porteurs de titres ! »

En 1877, l'impôt foncier égalait la valeur des revenus, la capitation était doublée, les taxes professionnelles quadruplées. Sur un revenu de 9,543,000 livres, les porteurs d'actions avaient absorbé 7,473,000 livres. C'était, après le prélèvement du tribut annuel à la Porte et des intérêts des parts du Canal de Suez, un excédent de 1,070,000 livres, avec lesquelles le gouvernement devait faire face à toutes ses dépenses.

Et il fallait payer d'abord tous les fonctionnaires européens qui avaient pris d'assaut les grasses sinécures.

En 1878, il y en avait sept cent quarante-quatre à la solde du gouvernement égyptien. En 1882, ce chiffre a doublé et enlève 373,000 livres par an au Trésor déjà obéré.

Ce fut naturellement d'un européen que partit la première réclamation contre les porteurs de titres. Lord Salisbury fut obligé de trancher la question et décida qu'on payerait d'abord le coupon, puis les bondholders, puis les appointements arriérés. Il n'y avait d'argent pour personne. La mamelle de la vache à lait était tarie.

Ce fut pour cela que le vice-roi, menacé dans son pays ruiné, consentit, en 1878, à la nomination d'une commission : c'était une espèce de consultation de médecins au chevet d'un moribond.

Les six européens, assistés de quatre commissaires de la Dette et présidés par Rivers Wilson, voulurent forcer Chérif-Pacha, alors ministre, de comparaître comme accusé devant elle. Le gendre du colonel de Sèves préféra perdre son portefeuille.

Le khédive lui-même dut abandonner deux cent quatre-vingt-huit mille sept cent soixante-deux acres de terre donnant un revenu de 166,986 livres, mais le rapport ajoutait, en constatant ces résultats extraordinaires, que son altesse conservait ses meilleures terres : cent quarante-trois mille acres environ rapportant 224,000 livres. Un décret les lui arrachait deux mois plus tard et lui accordait en compensation, ainsi qu'à sa famille, « une liste civile conforme à sa position. »

Français et anglais se partagèrent les places sous le ministère européen Wilson-Blignières et, devant le pays affamé par l'emprunt Rotschild, devant les indigènes dépouillés, une seule protestation s'éleva, celle de Nubar-Pacha, appuyant une revendication du vice-roi :

— « Selon les lois du pays, disait-il au consul anglais, l'achat des terres n'entraîne pas avec lui la possession du bétail et des instruments d'agriculture, à moins d'une stipulation spéciale et la demande du khédive à cet égard est amplement justifiée. »

— « Une telle réclamation, répondit l'agent britannique, venant de son altesse, en ce moment est inopportune et hautement inconvenante. »

Les paroles sont textuelles.

Après un exercice de cinq mois, le ministère européen donnait le bilan de la situation dans le rapport de janvier 1879 :

« La position financière du pays est aussi mauvaise qu'elle peut l'être. La pénurie des recettes est principalement attribuable à deux années successives de grande disette, dues à l'absence des crues du Nil, et cela dans un pays déjà épuisé par l'excès des impôts. Avec un Trésor vide et une Dette effrayante, de lourdes exigences imminentes, un sérieux déficit pour l'année courante et des impôts rentrant difficilement, la perspective n'est rien moins que rassurante. Et je doute très gravement, je le confesse, il me semble impossible que le gouvernement puisse tenir ses engagements. »

Sir Aukland-Colvin ne trouva qu'un moyen de parer à ces difficultés insurmontables. Des employés du cadastre, des inspecteurs et des sous-inspecteurs anglais allèrent mesurer tous les lopins de terre défrichés par les fellahs, ils les évaluèrent approximativement et mécontentèrent ainsi la classe agricole, au moment où tous les indigènes commençaient à trouver bien lourde la tutelle de l'Europe.

L'armée non payée, les officiers mis en demi-solde, les employés révoqués et remplacés, les laboureurs écrasés de taxes devaient bientôt faire cause commune. Arabi allait donner le signal. Alexandrie allait être bombardée et parsemée de ruines blanchâtres. L'Angleterre allait s'établir seule dans le pays... en face du Mahdi.

L'Europe était cause de tout le mal. Mais un seul Européen l'avait vu, c'était M. le baron de Ring.

Son patriotisme l'avait éclairé. Il avait senti qu'à l'ombre des questions financières, la domination anglaise s'accentuait chaque jour ; il avait vu toutes les grandes fondations françaises passer dans les mains des Anglais et, effrayé par la décroissance de notre suprématie, il osa choisir la devise : l'Égypte aux Égyptiens, plutôt que l'Égypte aux Européens, c'est-à-dire aux Anglais.

M. Barthélemy Saint-Hilaire rappela ce représentant trop patriotique.

Nous avons fait le pays, puis nous l'avons pressuré, enfin nous l'avons abandonné ou plutôt il nous a glissé des mains.

Or, les errements du passé doivent servir à nous démontrer que l'Égypte ne saurait être régie avec prospérité par une nation européenne toute seule, ou appuyée sur une seconde puissance, ou aidée par les six grandes puissances. L'internationalité ne serait que le condominium à six. Un condominium plus désastreux peut-être que celui de la France et de l'Angleterre.

Le résumé de l'ingérance européenne dans les finances du pays, le voici :

De 1854, date vraie où commence cette ingérance, commencent aussi les embarras du pays. Cette date est celle du firman de la concession du canal de Suez à M. de Lesseps.

Le premier emprunt est conclu en 1862, avec une banque saxonne, et, à la fin de la même année, atteint le chiffre respectable de 82 millions de francs.

Alors la progression est effrayante.

Nouvel emprunt en 1864.

Nouvel emprunt en 1865, en 1866, en 1867, en 1868, en 1870, en 1873.

Cela ne s'arrête plus.

En 1874, le pays est à bout de ressources.

Le 18 avril, dit un publiciste financier bien renseigné (1), on suggéra au Khédive l'idée d'un emprunt intérieur de 25 millions, non remboursable, à 9 0/0 d'intérêt, payé mensuellement par les représentants du gouvernement dans les provinces.

On respira encore une fois.

1875 promettait, le Khédive avait réussi à négocier des bons à trois mois ; il en avait pour quelque temps.

Le 7 octobre arrive à Alexandrie la nouvelle de la suspension de paiements de la Turquie.

Bien que l'on s'y attendit, l'effet fut considérable ; on voulut y remédier par une campagne de presse très chaude, dont les auteurs furent M. Fowler, sir Samuel Baker, et M. Shaw.

MM. Dervieu et Cie faisaient paraître à la même époque un exposé de la situation budgétaire qui péchait au premier chef par l'évaluation exagérée des recettes.

On réussit à passer tant bien que mal le mois d'octobre, mais les appréhensions augmentaient, et la panique gagnait.

Le 10 novembre on apprend à Londres que le Khé-

(1) E. Paton, *la Dette égyptienne* (Dentu 1885).

dive a fait demander au cabinet anglais l'envoi d'employés supérieurs de la trésorerie, pour contrôler ses services financiers.

C'est là l'origine de la mission en Égypte de M. Stephen Cave.

Pendant ce temps, on cherche partout de l'argent.

Le gouvernement français, sollicité, et n'ayant qu'à ratifier un traité d'avances sur titres conclu pour trois mois avec le gouvernement égyptien, laissa le gouvernement anglais acheter 4 millions de livres sterling, soit 101,000,000 francs, les 176,602 actions de Suez appartenant au Khédive.

Ces actions provenaient de la souscription faite par Saïd-Pacha, lors de l'émission de ces titres. Elles avaient été privées de leurs coupons pendant vingt-cinq ans, pour régler, à forfait, un compte débiteur de 30 millions avec la Compagnie de Suez ; ce qui avait servi, à cette dernière, de base à son émission des 120,000 délégations, en août 1869.

Le 1er jannvier 1876 était passé, mais il n'y avait pas plus d'argent pour cela, et l'édifice craquait de toutes parts.

M. Cave s'en va, Nubar-Pacha part en mission en Europe.

A ce moment arrive en Ègypte M. Outrey, envoyé par M. le duc Decazes et déjà précédé par M. Villet.

On parlait de la création de la caisse de la Dette publique.

Les envoyés français voient tous leurs projets combattus par les contre-projets des résidents anglais, aussi bien M. Elliot et Greinfield, que plus tard M. Cave et M. Rivers Wilson.

Le 28 mars, le Vice-Roi, à la veille même de l'échéance du 1er avril, s'adressait à bout d'expédients aux gouvernements anglais et français.

A Londres, refus de tout secours. A Paris, MM. Decazes et Say (d'accord avec M. Gambetta, qui promet l'appui de son groupe) font les fonds de l'échéance et les envoient à Londres le 31 mars au soir.

Le 8 avril 1876 au matin, un avis affiché à la Bourse d'Alexandrie annonçait la prorogation à trois mois des échéances d'avril et de mai.

Les emprunts se divisent en deux catégories :

1° La Dette officielle de l'État ;

2° La Dette particulière du Vice-Roi.

La Dette de l'État se décompose ainsi qu'il suit :

En 1862,	on emprunte	82,020,000 à 7 0/0	amortissables en	30 ans (1892)
— 1864,	—	142,605,000 à 7 0/0	—	15 — (1879)
— 1868,	—	297,250,000 à 7 0/0	—	30 — (1898)
— 1873,	—	800,000,000 à 7 0/0	—	30 — (1903)

La Dette du Vice-Roi est établie ainsi :

En 1865 et 1866,	emprunt de	84,682,500 à 7 0/0	amortissables en	15 ans (1881)
— 1867,	—	52,000,000 à 9 0/0	—	14 — (1881)
— 1870,	—	170,570,000 à 7 0/0	—	20 — (1890)

La Dette flottante était représentée par :

Les bons du Malièh (Trèsor égyptien) ;

Les bons de la Daïra Khassah (liste civile) ;

Les bons de la Daïra Sanièh ;

Les traites de la Moukaballah ;

Et la Dette intérieure non remboursable.

Un décret du khédive en date du 7 mai 1876 liquidait cette situation par une unification générale de la Dette (Dette intérieure exceptée).

Les bases en étaient ainsi établies :

Les emprunts 1862, 1868, 1870, 1873, recevaient titre pour titre, au pair.

Les emprunts 1864, 1865, 1867, recevaient en nouveaux titres, au pair, 95 o/o de leur valeur nominale.

La Dette générale d'Egypte, modifiée par ces décrets, se comportait comme suit (1) :

1° Le capital nominal de la Dette, par suite d'une part des réductions du capital, et d'autre part des augmentations résultant des différences d'intérêts capitalisés, s'élevait à 91,000,000 £ st., soit 2,297,750,000 francs ;

2° La durée de l'amortissement était portée à soixante-cinq ans ;

3° L'intérêt uniforme était fixé à 7 o/o l'an, les intérêts à courir du 1er juillet 1876 ;

4° Des revenus spéciaux étaient affectés au service de la Dette générale : ils comprenaient les revenus des quatre provinces de Garrieh, Menoufieh, Beltera et Siout, les octrois du Caire et d'Alexandrie, les douanes d'Alexandrie, Suez, Damiette, Rosette, Port-Saïd et El-Arieh, les chemins de fer, les tabacs, le sel, et divers autres droits ; le tout évalué à 5,790,000 £ st. chiffres ronds, soit 146,197,500 francs, qui, joints à la part contributive de la Daïra 684,411 £ st., soit 17,281,377 fr. 75 devant être payés au fur et à mesure des rentrées, représentaient un chiffre d'évaluation de 6,474,411 £ st., soit 163,478,877 fr. 75 pour la totalité des revenus affectés.

5° Une dernière garantie consistait dans l'institution d'une caisse de la Dette publique administrée par des commissaires européens désignés par leurs gouvernements, et nommés par le Khédive.

Ces commissaires avaient mission d'encaisser les revenus affectés au service de la Dette que devaient leur verser

(1) La livre sterling est décomptée à 25 fr. 25.

directement les fonctionnaires, les caisses locales, les administrations spéciales, en un mot tous les agents ou représentants du gouvernement qui en étaient les percepteurs, et pour qui reçus ou décharges n'étaient désormais valables qu'autant qu'ils émanaient des commissaires de la caisse de la Dette publique.

Tels étaient en substance les décrets de mai 1876.

Des modifications y furent apportées par la mission Goschen et Joubert. Leur œuvre fut sanctionnée par les décrets de novembre.

En voici les principales clauses :

I. — L'intérêt fut réduit de 7 o/o à 6 o/o, et le 1 o/o de différence réservé et consacré à l'amortissement.

N. B. — C'est à dater de cette époque que l'obligation unifiée d'Egypte prit, en langage de bourse, la dénomination de *La Six*, qui lui est restée malgré la diminution ultérieure en 1880 de l'intérêt à 4 o/o.

II. — Le capital nominal de la Dette réduit de 91,000,000 £ st., soit 2,297,750,000 fr. à 59,000,000 £ st., soit 1,489,750,000 francs.

Et cela, voici comment :

1° Nous avons expliqué ce qu'était l'impôt de la Moukabalah, le rachat de l'impôt foncier perpétuel par le payement du double de l'impôt pendant six ans.

Le rendement annuel était d'environ 1,600,000 £ st., et il restait à cette époque à percevoir des engagements pris s'échelonnant sur une période de neuf ans, soit 15,000,000 £ st., ou 378,750,000 francs environ.

MM. Goschen et Joubert appliquent d'abord ces disponibilités au remboursement des emprunts 1864, 1865 et 1867, sur le pied de 80 o/o du nominal; autrement dit ils suppriment aux créanciers la prime de remboursement.

Comme il reste environ à ce compte une somme totale de 100 et quelques millions à rembourser sur ces trois emprunts, il est établi qu'après leur extinction, demandant de trois à quatre ans, l'impôt de la Moukabalah sera reporté au service de la Dette générale;

2° La Dette de la Daïra-Sanieh, au lieu d'être fondue dans la Dette générale, redevient une Dette distincte; seulement le gouvernement prend à la charge de la Dette générale toutes les valeurs souscrites à ce jour par la Daïra, et portant son acceptation.

La Dette de la Daïra s'élevait alors à 9 millions de £ st., soit 227,250,000 francs. On en fixa l'intérêt à 5 o/o, 2 o/o furent en outre affectés à l'amortissement, enfin un intérêt supplémentaire de 1 o/o devait, après la réduction de la Dette à 5 millions de £ st., soit 126,250,000 francs, être ajouté aux 5 o/o primitifs.

Les remboursements se feront à l'avenir à raison de 75 o/o de la valeur nominale, par rachats si les cours le permettent ou par tirages;

3° Les chemins de fer sont détachés du budget général, et il en est fait une affaire particulière, placée sous l'administration d'une commission européenne de trois membres dont deux anglais et un français.

MM. Goschen et Joubert déclaraient déchue l'hypothèque donnée à l'emprunt de 1873. Cela permit de confectionner un nouvel emprunt de 17 millions £ st., soit 429,250,000 francs en obligations des chemins de fer rapportant 5 o/o. (Le dernier budget de 1875 faisait figurer les recettes pour 990,000 £ st., soit 25,224,750 francs, et les intérêts du nouvel emprunt ne s'élevaient qu'à 21,462,500 francs.)

Cet intérêt de 5 o/o fut, outre les produits des chemins de fer, garanti contre toute diminution éventuelle de recettes par une priorité qui lui était accordée sur tous les autres revenus spéciaux affectés au service de la Dette publique.

4° Restait la Dette flottante : Bons de la Daïra Khassa (liste civile) et bons du Malieh (Trésor égyptien).

On en diminue la prime des 3/5 ; au lieu de 25 0/0 elle n'est plus que de 10 0/0 réglés en bons. Un intérêt de 5 0/0 est garanti par une annuité de 50,000 £ st., prise sur la liste civile du Khédive, et dont l'excédent sera employé à l'amortissement, à raison de 75 0/0 de leur taux nominal.

Par ces divers procédés, le capital de la Dette générale unifiée diminue de 32 millions £ st., dont voici le détail :

Bénéfice de 20 0/0 sur le remboursement des trois emprunts	4	mill.	£ st.
Autonomie du budget de la Daïra	9	»	»
Produit des émissions des obligations des chemins de fer	15	»	»
Réduction de la prime de la Dette flottante	4	»	»
au Total	32	»	£ st.

ou 808,000,000 francs.

Le capital de la Dette était en mai de 91,000,000 £ st., soit 2,297,750,000 francs.

Il diminue de 32,000,000 £ st., soit 808,000,000 francs.

Il est donc devenu en novembre de 59,000,000 £ soit 1,489,750,000 francs.

III. — Les garanties précédemment données, autres que celles qui ont été détachées en raison des modifications apportées aux décrets de mai, subsistent en entier ; les revenus des quatre provinces, les octrois du Caire et d'Alexandrie, tous les revenus des douanes, les monopoles du sel et des tabacs, etc.

IV. — A la création de la caisse de la Dette publique est ajoutée la création d'un bureau de contrôle.

Il est stipulé :

1° Qu'il y aura deux contrôleurs généraux, un Anglais et un Français.

2° Que les commissaires chargés dans les provinces du recensement des impôts seront Anglais.

3° Qu'il sera créé un nouveau commissaire de la Dette publique, ce qui portera le nombre des commissaires à quatre, un Anglais, un Français, un Italien et un Autrichien.

La clause de la validité du paiement reste la même.

V. — Enfin il est alloué au Khédive, pour les frais d'administration et ses dépenses personnelles, une somme annuelle de 4 millions de £ st., soit 101 millions ; ce n'était plus l'annuité de 250 millions de francs et plus qu'il émargeait auparavant.

Une fois que la Dette était régularisée, il n'était plus nécessaire de s'arrêter en si belle route.

La commission d'enquête de Lesseps, Rivers Wilson et Riaz donne son autorisation à la conclusion de l'emprunt domanial, concédé à MM. de Rothschild.

Cet emprunt s'élevait au capital nominal de 8,500,000 £ st., soit 214,625,000 francs rapportant 5 0/0, ce qui représentait une annuité de 425,000 £ st., soit 10,731,250 francs.

Il était garanti par la totalité des biens territoriaux cédés à l'État par les membres de la famille du Khédive, et il y avait affectation de première hypothèque sur ces biens, en faveur des souscripteurs de l'emprunt.

L'hypothèque était réalisée sur 416,138 feddans de terre, elle était à régulariser sur 9,591 feddans, ce qui constituait le gage total de 425,729 feddans, sans compter plusieurs immeubles de grande valeur au Caire et à Alexandrie.

L'administration de ces biens passait, en outre, des mains du gouvernement égyptien en celles des prêteurs, représentés par une commission de trois membres anglais, français, égyptiens, incommutables sans l'assentiment de leurs gouvernements respectifs.

Le 22 avril 1879, Ismaïl-Pacha, de sa propre autorité réduit le revenu de la Dette générale unifiée de 6 0/0 à 5 0/0.

La France et l'Angleterre menacent et, le 8 août, le Khédive destitué est remplacé par son fils Tewfick.

Un décret d'octobre 1879 rapporte le décret du 22 avril.

Un décret de novembre 1879 déclare insaisissables les biens donnés en garantie à la maison Rothschild pour l'emprunt domanial, et, en tenant compte des droits acquis, porte que le solde de cet emprunt sera affecté au paiement de la Dette flottante.

Dans la même année, trois autres faits importants :

1° Le séquestre immédiat de tous les biens de l'ex-Khédive au profit du Trésor égyptien ;

2° La direction des chemins de fer confiée à une commission de trois membres français, anglais, égyptien ;

3° L'institution de la commission d'enquête des finances égyptiennes pour réorganiser l'impôt foncier (trois européens, quatre indigènes).

Au commencement de mars 1880, la commission internationale pour la liquidation de la Dette était presque formée, on attendait l'adhésion de l'Italie. Le 31 mars, un décret du

Khédive nommait la commission définitive dont les décisions devaient avoir force de loi pour tous : les gouvernements européens d'Allemagne, d'Autriche, d'Angleterre, de France et d'Italie avaient par avance souscrit à cette condition.

Cette commission se composait de deux Anglais, deux Français, un Allemand, un Autrichien, un Italien et d'un délégué égyptien, simple assistant aux délibérations.

Le résultat des travaux de cette commission fut le *décret du* 17 *juillet* 1880, que l'on a appelé la loi de liquidation du 17 juillet 1880.

En voici les traits principaux :

« 1° L'amortissement de la Dette flottante par le paiement de 30 o/o, argent comptant, et de 70 o/o en titres nouveaux de la Dette privilégiée ;

2° La conversion au taux de 80 o/o des dettes à courte échéance, c'est-à-dire des emprunts 1864, 1865, 1866, 1867 et 1868 en titres de la Dette unifiée ;

3° La réduction de l'intérêt de la Dette unifiée à 4 o/o ;

4° Réception directe par la caisse de la Dette publique des fonds destinés aux intérêts des deux dettes privilégiée et unifiée : les quittances des commissaires de la Dette étant, comme auparavant, seules valables ;

5° La Daïra-Sanieh est déclarée propriété de l'Etat ; mais, en raison des garanties données, ces propriétés sont insaisissables jusqu'à parfait remboursement des dettes qu'elles garantissent. L'intérêt est de 4 o/o, pouvant s'élever à 5 o/o ;

6° Les bons de la Daïra-Khassa sont convertis, titres pour titres, contre des obligations de la Daïra-Sanieh.

Lorsque l'on examine ees diverses mesures, on est tout d'abord frappé de la différence de traitement accordé aux divers créanciers ; car, tandis que les porteurs de la Dette flottante reçoivent pour 70 0/0 un titre rapportant 5 0/0, et pour 30 0/0 d'espèces, c'est-à-dire sont, de fait, intégralement payées, les créanciers ordinaires de la Dette unifiée voient purement et simplement leur intérêt réduit de 6 0/0 à 4 0/0.

Or, la Dette flottante était presque entièrement aux mains des anglais, des autrichiens et des allemands, tandis que la Dette unifiée était dans les mains de la grande généralité des créanciers français.

Autre remarque : Nous sommes loin maintenant des 7 0/0 d'intérêt promis à l'origine. Nous voici arrivés de réductions en réductions au taux de 4 0/0.

Par les différentes opérations de la loi de liquidation du 17 juillet 1880, tous les emprunts égyptiens se trouvent désormais réduits à quatre types :

1. *La Dette unifiée.*
2. *La Dette privilégiée (chemins de fer).*
3. *La Dette consolidée de la Daïra-Sanieh.*
4. *La Dette hypothécaire (les obligations domaniales).*

Un coup d'œil sur chacun de ces quatre types (1).

1° *La Dette unifiée.*

En 1876, elle était au capital de 59,000,000 de £ st., ou 1,475,000,000 de francs.

En 1880, elle s'augmente, de par la loi de liquidation d'un capital de 1,958,240 £ st., soit 48,956,000 francs.

Total : 60,958,240 £ st., ou 1,523,956,000 francs.

Intérêt annuel 4 0/0 soit 20 francs, payable les 1er mai et 1er novembre.

Le remboursement se fait par rachats aux cours.

(1) Pour les Dettes 1, 2, 3, la Livre sterling est décomptée à 25 francs.
Pour la Dette 4, — — — 25 fr. 25.
La Livre égyptienne est décomptée à 26 francs.

Les garanties affectées au service de l'intérêt et aux remboursements comprenant les revenus des provinces de Garbieh, Menoubieh, Syout et Behera, les revenus des douanes et les produits des droits sur l'importation des tabacs, enfin, éventuellement, en cas d'insuffisance des revenus affectés, les ressources générales du Trésor.

2° *Delte privilégiée des chemins de fer.*

En 1876, elle était au capital de 17,000,000 £ st., ou 425,000,000 de francs.

En 1880, elle s'augmente, de par la loi de liquidation, d'un capital de 5,743,800 £ st., soit 143,595,000 francs.

Total : 22,743,800 £ st. ou 568,595,000 francs.

Intérêt annuel 5 o/o, soit 25 francs, payable les 15 avril et 15 octobre.

Remboursement à 500 francs, en soixante-cinq ans, à compter du 15 octobre 1876, par tirages semestriels en janvier et juillet.

Garanties affectées au service de l'intérêt et du remboursement : les revenus nets des chemins de fer de l'Etat, des télégraphes et du port d'Alexandrie. La priorité, en cas d'insuffisance, sur tous les autres revenus, affectés ou non, subsiste toujours.

3° *Delte consolidée de la Daïra-Sanieh.*

Conformément à la loi de liquidation de 1876, par le contrat du 12 juillet 1877, elle était ramenée au capital de 8,815,400 £ st., ou 220,385,000 francs, son chiffre originaire, dans lequel était englobée la conversion de l'emprunt fait en 1870 par le vice-roi.

En 1880, elle s'augmente, de par la loi de liquidation, d'un capital de 697,560 £ st., ou 17,439,000 francs.

Total : 9,512,960 £ st., ou 237,824,000 francs.

Intérêt annuel, 4 o/o, soit 20 francs, payable par moitié, les 15 avril et 15 octobre; plus un intérêt complémentaire de 1 o/o, qui se règlera sur quittance spéciale le 15 avril de chaque année, si les ressources de la Daïra-Sanieh le permettent.

Il est établi un fonds de réserve pouvant s'élever jusqu'à 32,000 £ égyptiennes, soit 832,000 francs; après quoi, il sera procédé avec l'excédent des ressources à l'amortissement par rachat des titres à 80 o/o maximum de leur valeur nominale, ou en cas de cours supérieurs, par tirages au sort à ce même taux.

Les produits de l'aliénation des terres sont consacrés à l'amortissement.

L'intérêt n'est garanti que jusqu'à concurrence de 4 o/o par le gouvernement égyptien sur les ressources générales du Trésor ; les terres et immeubles de la Daïra-Sanieh et de la Daïra-Khassa, bien que devenues propriétés de l'État par la loi de 1880, servent toujours de garanties insaisissables.

4° *Dette hypothécaire (les obligations domaniales)*. Cette Dette date de novembre 1878 : elle est de 8,500,000 £ st., ou 214,625,000 francs.

Aucune modification en 1880.

L'intérêt annuel est de 5 o/o, payable les 1er juin et 1er décembre.

L'amortissement, tant que les cours seront au-dessous du pair, se fait par voie de rachats ; au pair, ou au-dessus, par voie de remboursement, par tirages.

C'est sous l'empire de la loi de liquidation que depuis 1880 ont vécu les créanciers de l'Égypte.

Tewfick-Pacha était dégagé de toute préoccupation financière ; témoin le décret du 28 septembre 1880, qui établissait, comme suit, le budget de 1881 :

Recettes, 8,419,000 £ égyp.
Dépenses, 8,308,000 £ égyp.

Différence des recettes, 110,000 £ égyp., soit 2,886,000 francs.

Le service de la Dette publique était compris au budget pour 3,788,840 £ égyp., soit 98,509,840 francs.

Mais voici en 1882, le krach du marché financier de Paris, dont le contre-coup fut partout si vivement ressenti.

Les fonds égyptiens fléchissent, comme le reste, en janvier, et l'obligation unifiée baisse de 367 francs à 300 francs. La reprise ne se fait pas attendre. On cote en février 335 francs ; en mars, 351 fr. 25 ; en avril, 360 francs ; en mai, 365 francs ; et, au début de juin, 356 fr. 25.

Dans le courant de juin, de juillet et d'août, nous voyons, par contre, enregistrer les cours de 260, 230 et 245 francs.

Cette subite dépréciation des fonds égyptiens a pour cause la crise politique qui, commencée le 1er février par l'arrestation des trois colonels, s'est terminée le 13 septembre par la défaite d'Arabi-Pacha, son jugement et son exil.

Le 21 juin 1884, une invitation a été adressée aux puissances européennes, les convoquant à une Conférence dont la réunion est fixée au 28 juin.

Les ambassadeurs des puissances reçoivent le 24 juin une nouvelle note énumérant les points principaux qui doivent servir de base aux travaux de la Conférence.

Voici le résumé des propositions anglaises ;

1° Les intérêts de la Dette unifiée sont réduits de 1/2 0/0 à 3 1/2 0/0.

2° Les intérêts de la Dette privilégiée sont réduits de 1/2 0/0 à 4 1/2 0/0.

3° Les intérêts de la Daïra-Sanieh ne sont pas réduits si les revenus de la Dette sont suffisants ; sinon le Gouvernement parfaira la différence du taux actuel diminué de 1/2 0/0.

4° L'Emprunt Domanial ne sera pas réduit.

5° L'amortissement de la Dette unifiée et de la Dette privilégiée sera suspendu.

6° Les intérêts des actions de Suez payés par l'Egypte à à l'Angleterre seront diminués de 1/2 ou 3/4 0/0,

7° Il sera consenti par l'Angleterre une avance de 8 millions de livres sterling, destinées aux indemnités, mais cet emprunt aura droit de priorité.

8e Il sera procédé à une réduction des impôts en Egypte 3 1/2 à 4 millions de livres sterling, soit 75 à 100 millions de francs.

9° La caisse de la Dette publique aura le droit de s'opposer aux augmentations de dépenses budgétaires.

10° Elle a un droit de contrôle sur le budget, c'est-à-dire droit d'observation sur sa rédaction.

11° La présidence de la Commission de la Dette sera dévolue à un représentant anglais, avec voix prépondérante.

12° A la fin de l'occupation anglaise, la Commission de la Dette exercera le contrôle intégral.

23° Au 31 décembre 1887, il sera procédé à la neutralisation de l'Egypte, et à la neutralisation ainsi qu'au *modus vivendi* du canal de Suez.

La conférence se réunit le 28 juin, et, dès sa première séance, créa une sous-commission composée des délégués financiers auprès des ambassadeurs ; les conseillers techniques, comme on les appela.

Tout l'intérêt réside dans l'opposition des propositions françaises et les propositions anglaises, et la lutte de MM. de Blignères, Barrère et d'Ayrolles, contre MM. Baring, Clifford Lloyd et Childers.

La première pierre d'achoppement est le refus par la France de consentir à toute réduction d'intérêt, et la volonté anglaise d'y arriver.

Le projet financier doit, pour être valable, être voté à l'unanimité ; la Conférence ne saurait avoir d'issue : MM. Baring et Childers sont même en désaccord, l'un ne veut pas démordre des propositions soumises, l'autre est enclin à la conciliation.

Les projets se suivent et sont rejetés ; à commencer par eelui de M. Baring qui ne demande en réalité la réduction de l'impôt foncier que pour obtenir ensuite la réduction de l'intérêt de la Dette.

Les contre-propositions françaises sont adoptées à l'unanimité, moins une voix, celle de l'Angleterre bien entendu. M. Childers est chargé de faire le rapport des travaux de la sous-commission à la Conférence, convoquée pour le 22 juillet.

M. Leroy Beaulieu avait exposé, dans le *Journal des Débats,* la combinaison suivante :

Remboursement de la dette privilégiée de 560 millions de francs, par un emprunt de 750 millions de francs, ayant la garantie collective des puissances et rapportant 3 1/2 au lieu de 5 0/0.

La garantie collective justifiait le taux, et la différence de l'intérêt servi suffisait, et au-delà, au service des 190 millions d'augmentation.

Mais c'était une étude nouvelle à faire ; et chacun avait son petit plan tout préparé auquel il ne voulait rien changer.

La remise officielle à la Conférence des contre-propositions françaises a lieu le 24 juillet, et ces contre-propositions ont, dès l'origine, l'appui du comte de Munster et de M. Dérhental, l'ambassadeur et le conseiller financier d'Allemagne.

En voici les points saillants :

1° Emprunt de 8 millions de £ st. à bas intérêt :

2° Réduction à 3 0/0 de l'intérêt payé par l'Égypte sur les actions anglaises du canal de Suez ;

3° Abolition consentie du fonds d'amortissement ;

4° Emprunt distinct de 1 million £ st. pour la quotepart de l'Egypte dans les frais de l'armée d'occupation pendant les 3 ans et demie de séjour.

Pas de réduction d'intérêt, ni autres combinaisons trop anglaises.

Après les réunions successives des 28, 29 et 31 juillet l'Angleterre, au lieu de la réduction d'intérêt, propose l'impôt sur le coupon.

Enfin, l'opinion des représentants des puissances ne variant pas, lord Granville déclare, le 2 août, ne pouvoir accepter les propositions françaises et reprendre sa liberté d'action.

Le 4 août, à la Chambre des Lords, le marquis de Salisbury félicite le Cabinet Cladstone de l'insuccès de la Conférence.

Le 17 septembre, une lettre de Nubar-Pacha aux commissaires de la Caisse de la Dette publique signale un déficit de 33,000 £ st. pour la fin d'octobre, et la suspension de l'amortissement.

Le 18 septembre, Nubar-Pacha signifie aux mêmes comcommissaires que tout l'argent sera désormais versé au Trésor égyptien.

Des notes identiques sont remises à Nubar-Pacha par les représentants de l'Allemagne, de l'Autriche, de la France et de la Russie. L'Italie proteste verbalement ; sa politique de disjonction continue.

Les commissaires de la Dette, sauf l'élément anglais, intentent un procès au gouvernement.

Le Trésor égyptien est tellement à sec que le 3 octobre il ne peut pas rembourser 100,000 £ st., 2 millions 1/2 de francs.

La reprise des versements à la Caisse de la Dette est annoncée pour les chemins de fer le 16 octobre, et pour les autres revenus le 26 octobre.

Lord Northbrook retourne en Europe, après avoir échoué dans sa mission.

Les deux rapports qu'il publie à son retour n'ont pas plus de succès.

Le 27 novembre, le *Standard* publie le résumé des nouvelles propositions anglaises (1).

1° Un emprunt de 5 millions de £ st., dont un destiné spécialement à l'irrigation, garanti par l'Angleterre seule à 3 1/2 0/0 ;

2° Les revenus de la Daïra et des Domaines seront versés à la Banque d'Angleterre, pour assurer le service de l'emprunt ; et, après son remboursement, serviront à l'amortissement des autres emprunts ;

3° Il n'y aura pas de réduction d'intérêt de la Dette privilégiée, mais cette Dette sera augmentée du montant des indemnités, environ 4 millions de £ st., soit 100 millions de francs ;

4° La Dette de la Daïra sera fondue dans la Dette unifiée, et l'intérêt de l'ensemble de la Dette réduit de 1/2 0/0 à

(1) La livre sterling est calculée ici à 25 francs.

3 1/2 o/o (c'était une ressource annuelle de 320,000 £ st.)., soit 8 millions de francs;

5° Il sera opéré une réduction de 1/2 o/o sur l'intérêt payé par l'Égypte aux actions anglaises du Canal de Suez;

6° L'administration de la Daïra et des Domaines sera modifiée et appartiendra au gouvernement égyptien, qui versera les revenus à la Banque d'Angleterre. Il y aura un contrôle anglais.

7° Les frais annuels d'occupation seront réduits à 120,000 £ st. par an.

Enfin 8° Un contrôle spécial met aux mains des Anglais les chemins de fer égyptiens.

Voici, d'un autre côté, le résumé des propositions françaises:

1° Délai de deux ou trois ans accordé à l'armée anglaise pour évacuer l'Égypte;

2° L'emprunt sera garanti collectivement par les puissances;

3° Maintien de l'administration mixte pour la Daïra, les Domaines et les chemins de fer;

4° L'Allemagne et la Russie seront représentées à la Commission de la Caisse de la Dette publique;

5° Neutralisation de l'Égypte:

6° Neutralisation du Canal de Suez, *momus vivendi* déterminé;

7° Pas de réduction d'intérêt, un impôt PROVISOIRE SEULEMENT, de 5 o/o sur le coupon.

Le 27 janvier 1885, l'Angleterre accepte la représentation dans la Commission de la Dette de la Russie et de l'Allemagne.

Voilà la situation. Elle est loin d'être tirée au clair; et le gouvernement français n'a pas sans doute dit, avec l'Europe, son dernier mot.

V

ARABI ET LE MAHDI.

Causes des pronunciamientos. — Commission militaire. — Effectifs. — Riaz Pacha. — Les soulèvements. — Arabi. — Dervich Pacha. — Massacre. — Bombardement. — Nubar Pacha. — Le Soudan. — Le Mahdi. — Défaites de l'Angleterre. — La politique Gladstone.

La conséquence fatale des embarras financiers de l'Egypte ce fut le trouble apporté dans les différents services de l'État.

Dans la désorganisation générale, une crise était imminente. C'est dans l'armée qu'elle se manifesta.

Les employés des ministères et d'administrations pouvaient vivre de crédit en attendant que changeât la situation constatée par les agents anglais, en espérant que le gouvernement trouverait bientôt un moyen et des fonds pour payer les appointements arriérés.

Les troupes qui attendaient leur solde depuis près d'un an, étaient plus à plaindre. En Egypte, la plupart des soldats ont femmes et enfants, comptant sur la paie du mari ou du père pour les aider à vivre. Or ceux-ci ne touchaient plus le moindre para.

Les enfants mendiaient.

Les femmes se prostituaient.

Le mécontentement grandissait dans les rangs d'une armée indisciplinée, où les chefs ne donnaient pas l'exemple de la patience.

Le premier soin de M. Mallet devant cette effervescence fut de pousser le khédive à lancer une proclamation à l'armée, — proclamation toute de conciliation. Il était convenu que la solde serait augmentée, — cela n'était qu'un détail ; — et qu'elle serait régulièrement payée. — Ceci était le point capital,

En même temps était créée une commission militaire dans laquelle l'Europe fut représentée par quatre officiers supérieurs employés dans l'armée égyptienne et entre autres par Sir Frédéric Goldsmith, administrateur de la Daïra Saniêh. Les colonels mécontents, envoyèrent Arabi siéger dans ce cénacle, qui se proposait d'aviser aux meilleurs moyens pour régulariser l'avancement hiérarchique et le soustraire aux influences du favoritisme, et pour soumettre à des lois bien précises et non arbitraires, les conditions de mise en disponibilité ou en demi-solde.

Ces officiers furent épouvantés du gâchis qu'ils étaient appelés à constater.

L'effectif lui-même était aussi variable que les ministres, se succédant et subissant l'influence des uns ou des autres.

De l'œuvre de Mohammed Ali, qui, grâce aux soins du colonel de Sèves et d'une mission militaire française avait su trouver une armée de 160,000 hommes dans une population de 3 millions d'âmes, il restait à peine quelques vestiges : un nombre de soldats mal défini, qu'on peut évaluer entre 15,000 et 30,000 !

En principe tout sujet du Khédive doit à son pays le tribut

du sang, mais il est avec ce principe une quantité considé-
able d'accommodements. Beaucoup de professions ou de
nétiers sont exceptés du service militaire. Un étudiant d'El-
Azhar, un imam quelconque, un gardien de tombeau sacré,
un professeur ou un employé de ministère trouvent facilement
mille prétextes pour ne pas être soldats. Quand les prétextes
manquent on se laisse éborgner par les mouches où on se
coupe un doigt de la main.

Un Musulman ne regarde pas à un œil ou à une phalange
pour rester à la mosquée ou aux champs.

Le fellah a, en effet, une aversion profonde pour le milita-
isme, sans doute pour la raison que l'armée a toujours été
livrée à des étrangers, Turcs, Circassiens ou Européens. Il
paiera les scheïks du village plutôt que de se laisser enrôler,
et le scheïk, partageant la même aversion, l'admet facilement
chez son subordonné, surtout si cette légère infraction à ses
devoirs lui rapporte quelques piastres.

Cette espèce de dégoût est insurmontable pour l'Égyptien.
Si doué qu'il soit de bravoure, de sobriété, de force, il ne
s'habitue pas à la discipline de fer contre laquelle protestent
es instincts de race nomade : Même sous les drapeaux, il a
e regret du *gourbi* et du carré de terre qu'il labourait. Dès
qu'il en trouve l'occasion, il déserte. S'il reste au régiment,
devient un soldat de premier ordre.

La Commission trouvait donc une armée... sur le papier,
mais non pas en réalité. Des réformes de Mohammed Ali,
ne seule subsistait : l'uniforme. Le reste s'était évanoui,
comme tant d'autres innovations dues au régénérateur du pays.

Les officiers nommés à cet effet purent constater que tous
es soldats devaient être armés de Remington, et que les arse-
naux devaient être bien garnis. La cavalerie pouvait être bien
montée. L'artillerie pouvait compter 24 batteries de 4 pièces,

dont quelques-unes rayées. Les corps spéciaux pouvaient fournir un bataillon du génie, un bataillon de pontonniers et un équipage de ponts.

Tout cela était du domaine des possibilités, mais la preuve en était difficile à faire.

La marine était dans le même état : De la flotte de Mohammed Ali, il restait des ruines. Le ministère accusait, pour la navigation sur mer, 14 navires à vapeur, dont 2 frégates, 2 corvettes, 4 canonnières ; 26 paquebots postes de 100 à 500 chevaux, et environ 500 navires à voiles. Pour la navigation sur le Nil, l'Égypte disposait de 58 navires à vapeur et de 9,000 bateaux à voiles de toutes dimensions.

Les frégates blindées, les navires cuirassés avaient été rendus aux constructeurs ou cédés au Sultan par ordre de la Porte.

Le matériel existant avait un personnel suffisant : des équipages exercés et même un état-major, européen en grande partie... Le tout était certifié sur papier ministériel. Et personne, — sauf les officiers supérieurs étrangers, — n'était payé.

C'était là une première cause de mécontentement.

Il y en avait d'autres.

Le ministre Riaz était détesté par tous. Brouillon, quoique travailleur, cet homme d'État aux méditations sans fin, ne trouvait jamais de remèdes aux situations qu'après ses catastrophes.

Il eût retardé l'explosion qui couvait, s'il avait su à temps faire quelques concessions ou se retirer des affaires. Il ne le sut pas, et cependant il ne pouvait se dissimuler l'impopularité dont il jouissait.

Le khédive, dans une de ses visites au canal de Suez, avait été acclamé avec un enthousiasme extraordinaire par ses fellahs, tandis que sur tout le parcours du vice-roi avaient retenti les anathèmes contre Riaz.

L'impopularité de ce ministre était telle que M. de Blignières lui-même semblait l'abandonner à son triste sort, œuvre de l'Europe, au moment où éclatèrent les troubles de juillet à Alexandrie. Un artilleur avait été écrasé dans les rues; son corps fut porté par ses camarades au palais de Raz-el-Tin.

— Vengeance! criait-on!

Les perturbateurs furent arrêtés et encoururent des peines excessives : les meneurs furent condamnés aux travaux forcés à perpétuité; les autres à trois ans de déportation à Kharthoum; quelques officiers furent mis en demie-solde.

L'armée toute entière protesta par la bouche d'Abdullah-bey, qui alla jusqu'à invectiver le ministre de la guerre. Rien n'y fit. Les conseils généraux avaient donné au gouvernement l'ordre de tenir bon : cet ordre fut exécuté au grand mécontentement de l'armée. Ce fut encore la soldatesque qui provoqua le renversement en août de Mahmoud Baroudi, devenu impopulaire comme les autres ministres, et imposa Daoud-Pacha, un soldat indigène.

Il était encore possible de tout faire rentrer dans le calme, mais le khédive et ses conseillers étaient affolés, ne sachant de quel côté se retourner, et balançant perpétuellement entre l'Angleterre, le prétendu parti national, et la France. Au lieu de remonter aux causes vraies des désordres, Tewfik-Pacha et les agents anglais eurent l'air de les ignorer. Pourtant, il était visible que l'émeute de février avait été causée par les exactions de toutes sortes.

Au lieu de chercher un remède, la diplomatie se bornait à constater, et l'agent anglais racontait ainsi l'émeute :

« Les officiers qui avaient adressé une pétition sur les réformes nécessaires furent invités à se rendre au ministère de la guerre le 1er février 1881, sous le prétexte de prendre part aux arrangements projetés en vue du cortège militaire qui devait accompagner une des princesses à l'occasion de son mariage. »

En réalité, c'était pour les arrêter et s'en débarrasser. Le conseil anglais termine ainsi :

« Les colonels eurent vent de la chose; et avant d'aller au ministère, ils donnèrent l'ordre à leurs officiers de venir avec leurs hommes les délivrer s'ils n'étaient pas de retour dans un délai de deux heures. Les colonels furent arrêtés et relâchés par la force. »

La leçon ne profita pas, comme nous l'avons vu. Bien au contraire, le gouvernement s'appliqua à attiser le mécontentement jusqu'en septembre 1881.

Le khédive, dès son retour de Suez, avait si peu confiance dans son prestige sur ses sujets, qu'il mit pour ainsi dire le Caire en état de siège. Les colonels, compromis dans la dernière échauffourée, étaient activement surveillés par la police. Leurs maisons étaient environnées jour et nuit de chenapans de toute nationalité occupés à surveiller leurs moindres pas, leurs moindres démarches. Chacune de leurs paroles était commentée, et aux plus insignifiantes, on prêtait un sens menaçant.

Plus Tewfik avait peur, plus, par des mesures inconsidérées, il excitait la crainte des meneurs, plus, par conséquent, il s'exposait à une nouvelle explosion de mécontentement. C'est ce qui l'attendait.

De leur côté, les représentants de la France et de l'Angleterre ne faisaient rien pour ramener le souverain à envisager plus sainement la situation. Sir E. Mallet lui-même redoublait l'acuité de la crise latente. Il partit pour Consantinople, et dès le départ du navire, on disait tout haut dans les rues qu'il allait demander au sultan de protéger le khédive. C'était une menace à l'adresse de l'armée révoltée, qui, après quelques insignifiantes concessions obtenues par la force, ne demandait qu'à rentrer dans le calme.

On racontait encore que par l'intimidation, Tewfik-Pacha avait obtenu du Sheik-ul-Islam un fetra de mort contre les colonels.

Arabi perdit patience. C'était pour lui — il le comprenait — une question de vie ou de mort. Il se décida à l'attaque.

Le 9 septembre au matin, 2,500 soldats égyptiens, conduits par leurs colonels, quittèrent l'Abassieh et vinrent entourer le palais du khédive. Quinze pièces de canons furent braquées sur les portes et les fenêtres avant que Tewfik eût pu mettre à profit les conseils de M. Cookson et de sir Colvin, qui demandaient de faire venir immédiatement les troupes casernées dans les environs. Celles-ci, du reste, avaient déjà fait cause commune et grossissaient l'effectif des mécontents.

Les deux agents anglais sentirent qu'un coup d'audace pouvait encore sauver la situation. Les canons restaient gueule béante, mais tant que le premier coup n'aurait pas été tiré, un acte d'énergie pouvait peut-être encore en imposer à l'armée révoltée.

M. Cookson s'interposa, il voulut connaître les demandes des insurgés.

— Nous voulons, dit le leader des mécontents, le renvoi du ministère, la convocation de la Chambre et l'augmentation de l'effectif.

Le rebelle obtint une promesse formelle qu'il serait donné suite aux deux dernières demandes.

L'augmentation de l'effectif de 12 à 18,000 hommes avait été résolu par la commission militaire.

Quant à la convocation des notables, elle était désirée par toutes les provinces qui avaient expédié cent cinquante délégués pour réclamer aux notables, d'après l'aveu même du consul général anglais « une loi organique donnant un essor beaucoup plus vaste aux pouvoirs de la Chambre, et la constituant, en réalité, comme une assemblée jouissant de tous les privilèges des corps délibérants dans les pays constitutionnels. »

Renvoyer le ministère devant une manifestation armée semblait plus difficile, mais la position était périlleuse, et M. Cookson consentit à remplacer Riaz-Pacha par Chérif.

C'est le cas de rééditer l'opinion d'un homme qui connaît bien l'Egypte et avait publié déjà dans une Revue un article où il disait :

« Ce qui étonne, c'est que le soulèvemeut n'ait pas été plus sérieux. Mais il ne faut pas s'y fier. Le naturel calme et docile de ce peuple assoupli par un long servage pourrait bien se révolter un jour. Jamais, à aucune époque, il ne fut aussi malheureux. Ecrasé d'impôts, obligé pour se soustraire au bâton, d'emprunter aux usuriers à 200 et 300 pour cent d'intérêt et d'hypothéquer son mince avoir, il se voit chaque jour traîner devant la justice européenne, saisi et dépouillé. Les cours des tribunaux du Caire et d'Alexandrie sont tapissés d'annonces de ventes judiciaires à la suite de protêts, ce qui veut dire là-bas aux profits des usuriers. C'est le pauvre, surtout, qui est atteint. L'huissier est devenu un objet de terreur pour la population des campagnes.

D'aussi loin qu'on l'aperçoit ; tout le village tremble. Les fellahs s'interrogent avec anxïété : Quel est celui qui va être cité ? Car tous ont des dettes, tous ont emprunté à l'usurier pour payer l'impôt, et comme la récolte a manqué, ils seront condamnés, leur lopin de terre sera vendu.

Ce qu'il y a de triste dans tout cela, c'est que les iniquités se commettent sous la pression de la France. L'Angleterre la suit de loin et en profite. C'est la diplomatie française qui violente et brutalise par ses agents le gouvernement du pays pour qu'il paye quand même les coupons, dût-il bâtonner à outrance le fellah. Et pour qui tous ces efforts ? Pour quelques spéculateurs et banquiers qui ont prêté au gouvernement égyptien au taux honnête de 30 pour cent. Combien de temps cela durera-t-il ? »

Cette fois le calme devait durer près de huit mois.

Mais les journaux s'enhardissaient et jetaient pour ainsi dire de l'huile sur le feu.

L'*El Taïef*, en arabe, poussait la violence à ses dernières limites, l'*Egypte* et le *Courrier Egyptien*, disaient en français, sous la plume de leurs rédacteurs, tout ce que le peuple pensait. Devant cette hostilité des journaux, les agents anglais se crurent obligés de sévir. Ils organisèrent une sorte de bureau de la Presse où les opinions des organes étaient longuement commentées. On résolut pour enrayer le mouvement de renoncer aux anciennes lois.

Le nouvel arrêté n'eût d'autres résultats que d'atiser les haînes.

Les agents anglais et français pouvaient couper au hasard dans les feuilles locales pour renseigner leur gouvernement.

L'une disait :

Nous ne désirons pas expulser les étrangers de notre pays, mais nous devons cesser de les employer dans nos administrations.

L'autre ajoutait :

Le *Times* prétend que par son contrôle, l'Europe a procuré de grands avantages à l'Egypte. Nous soutenons, au contraire, que nous avons été chargés d'un fardeau écrasant.

Puis chaque organe donnait son opinion. Nous en notons quelques unes :

L'Angleterre et la France ont des intérêts politiques différents ; *Mais elles sont d'accord dans leurs vues financières.* Nous sommes devenus la proie de deux lions.

Tous les Européens reçoivent des émoluments exhorbitants ; mais si l'Angleterre et la France étaient obligées de les payer elles-mêmes elles abandonneraient bien vite leur intervention en Egypte.

Au commencement nous les avons reçus comme des hôtes ; mais ils se sont maintenant établis sous le prétexte de protéger des intérêts politiques et financiers.

Nous espérons voir un jour notre administration débarrassée de tous les Européens, et ce jour là, nous proclamerons que l'Angleterre et la France nous auront rendu un immense service.

Jusqu'ici nous avons traité les étrangers avec toute la courtoisie possible, et même comme s'ils étaient des hommes d'une essence supérieure. Voyant cela, ils en ont profité pour tirer de nous tout ce qu'ils ont pu. La seule différence entre les étrangers et nous, c'est que nous avons une meilleure et plus noble nature, et qu'ils possèdent une force militaire supérieure.

Les mesures violentes ne faisaient qu'exaspérer les mécontents. Nos consuls fermèrent les yeux devant les symptômes d'une nouvelle crise et répondirent aux journaux par des condamnations absurdes dont l'Angleterre — cette nation libre par excellence dans ses écrits — se faisait l'instigatrice.

Aucune vexation n'était épargnée aux indigènes soupçonnés d'*arabisme*. Eirani-Bey venait d'être récemment arrêté sur accusation de banqueroute frauduleuse. Il avait été jugé et acquitté par les tribunaux. Le consul anglais fit empoigner Eirani-Bey et donna ordre d'instruire l'affaire à nouveau. Devant cet acte de répugnante iniquité, l'armée fut prête à se révolter une seconde fois. Arabi vint demander au Ministre de la justice la mise en liberté immédiate de l'accusé. Le prisonnier fut relâché.

La chambre des notables allait retentir de l'écho de tous ces mécontentements.

Cette chambre, nous l'avons vu, avait été établie en 1866. C'était une réunion d'écoliers sous la férule d'un président.

Dès 1879, les écoliers étaient devenus des récalcitrants émancipés. Ils avaient demandé l'extension de leurs prérogatives ; et avec Chérif-Pacha, ils réclamaient une nouvelle loi organique.

Les puissances ne pouvaient s'opposer à la réunion de la chambre, elles résolurent donc de l'avancer pour ne pas donner le temps au désir des notables de s'affirmer.

Chérif hésitait encore à prendre en mains la direction des affaires.

Il se décida à condition qu'il serait libre de choisir les membres du cabinet ; que Mahmoud-Baroudi serait Ministre de la guerre, qu'après discussion les réformes adoptées par la commission militaire seraient exécutées, que la loi organique serait remaniée ; et qu'enfin les colonels révoltés seraient éloignés du Caire.

L'influence de la Porte commençait à se faire sentir.

Le Khédive, devant les difficultés insurmontables qu'il rencontrait avait demandé à la France et à l'Angleterre de lui permettre de s'adresser au Sultan.

N'était-ce pas au suzerain à venir rétablir l'ordre chez son vassal ?

La Porte ne demandait pas mieux que d'intervenir. Aussi commença bientôt une guerre de dupes.

— Non ! disait l'Europe ! pas de Turcs en Egypte ce serait un retour à la Barbarie. Cela gênerait la France dans ses possessions d'Algérie et de Tunisie. Ce serait une sorte de régénération du prestige musulman en Afrique.

— Mais je suis chez moi ! répondait Hamid.

Mais seul j'ai droit d'intervenir.

Quels sont vos titres, à vous, français et anglais ?

Les voilà, concluaient les agents des deux gouvernements intéressés en montrant leurs titres de Suez et de la dette Egyptienne.

Cette réponse, était certainement concluante, mais, la Porte voulut au moins envoyer un représentant au Caire et choisit pour cette mission d'apaisement deux hommes qui y étaient absolument impropres, Ali-Nizami et Ali-Fuad.

Pendant que le sultan réclamait pour lui seul le droit d'intervenir dans les troubles, pendant, qu'au mépris de la volonté des puissances, il expédiait ses deux envoyés en Egypte, il suivait vis-à-vis d'Arabi et de Tewfik une politique à double face rappelant assez la manière de faire de l'ancienne Byzance. La Porte encourageait ostensiblement Arabi à persister dans ses revendications, elle conseillait au Khédive : tantôt de se soustraire à l'influence étrangère, tantôt de donner gain de cause aux rebelles. En un mot elle attisait les désordres dans le seul but d'en profiter, et de reprendre à l'impuissant Khédive un peu de ces franchises arrachées aux sultans par les pachas à poigne de l'Egypte.

Pendant les douze jours que dura la mission turque, la solde de l'armée fut augmentée ; il y eut des décrets rendus sur les promotions, les congés et le licenciement des troupes.

C'était à la fois la volonté du sultan et la volonté des puissances. L'Angleterre et la France avaient pour objectif le départ d'Arabi. Il fallait éloigner ce *factieux* « coûte que coûte » et pour y parvenir, peu importait les concessions faites, si l'on était toujours à même de les reprendre. Mais ce qu'il fallait aussi c'était enrayer l'ambition de la Porte. On demanda le rappel d'Ali-Nizami et de Fuad. Le sultan refusa.

C'est alors, que comme moyen de pression sur le gouvernement turc furent expédiés deux vaisseaux cuirassés dans les eaux d'Alexandrie.

Cette mesure faillit être fatale aux Européens établis en Egypte. Elle fut considérée comme dirigée contre les Arabistes.

La crainte des consuls fut telle, en face de l'irritation de la population qu'ils essayèrent de dissuader leurs gouvernements. La Turquie avertit même l'ambassadeur anglais « que cette démonstration impliquait un danger pour Alexandrie, qu'elle était de nature à causer de l'agitation et des troubles parmi toute la population arabe et pourrait conduire à une révolution générale. »

Bientôt les pourparlers entre les trois puissances prirent un caractère aigu. L'envoi des cuirassés, destinés d'abord à recueillir les nationaux anglais et français menacés par la révolution devint une manifestation contre le Sultan auquel il fut déclaré, le 12 octobre 1881, que les puissances ne rappelleraient leurs vaisseaux que quand le Sultan rappellerait ses envoyés.

Nécessairement ce fut le plus faible qui céda.

Pour que tout rentrât dans l'état normal, il restait encore à éloigner Arabi. Son départ s'effectua deux jours après la convocation de la Chambre.

La foule entourait sa maison ; des cris de joie saluèrent le colonel quand il sortit pour se rendre à la gare ; les cheiks en turbans verts le félicitaient à haute voix, l'appelant déjà le *Mahdi* promis pour l'an 1300, les mendiants se suspendaient aux pans de sa tunique pour la baiser, les Fellahs se prosternaient dans la poussière, et les soldats présentant les armes, acclamaient leur chef.

Arabi fut porté triomphalement au chemin de fer.

Les rues de la capitale étaient transformées, on eut dit une fête populaire.

Abdelal partagea les honneurs rendus à son ami Arabi. L'un était envoyé à Ouady, l'autre à Damiette. Ces deux villes ne sonnaient pas à leurs oreilles, sinistres, comme le mot : Soudan !

Ils se soumettaient.

En quelques mois était arrivé à l'apogée de la popularité le petit fellah né dans la Basse-Égypte et qui, sous Saïd, avait été enrôlé de force et garotté afin d'empêcher toute tentative d'évasion de sa part.

C'était, dit un voyageur, un de ces hommes comme les aimait le fantasque vice-roi : taille d'un mètre quatre-vingts, traits réguliers, front un peu fuyant, grosses lèvres, menton carré. Physionomie, pleine de fermeté, disent les uns ; pleine d'obstination, disent les autres. Dans ses yeux il y avait cette mélancolie que donne la contemplation des déserts monotones, du grand ciel toujours le même. Il avait la voix douce, la démarche assurée, le maintien grave, la parole lente, l'attitude solennelle.

Cela suffisait pour en imposer à ses camarades de régiment.

Il avait rapidement gagné ses galons, quand tout à coup il fut bâtonné, mis en demi-solde et congédié.

Il se mit alors à fréquenter la mosquée de El-Azhar, ce foyer du fanatisme musulman. Il étudia le Coran et, en fait d'instruction, se borna à l'apprendre par cœur.

De ses mécomptes militaires, il lui resta la haine des Turcs ; de ses études mystiques, la haine du giaour. Ce sentiment ainsi dédoublé devait l'amener fatalement, avec l'obstination qui le caractérisait, à jouer ce rôle de réformateur national pour lequel il n'était pas taillé, et auquel il n'aurait jamais prétendu si des personnages plus rusés que lui n'avaient su habilement exploiter son incommensurable amour-propre.

A l'avénement d'Ismaïl, il était rentré dans l'armée et son mariage lui avait procuré une certaine aisance. Pendant la campagne d'Abyssinie, il gagna le grade de lieutenant-colonel et, en 1876, fut choisi comme président par une société de mécontents qui complotaient le renversement d'Ismaïl.

C'est à cette époque qu'il contracte des amitiés avec les principaux personnages qui lui fraient la route et s'abritent derrière lui : Ali-Fehmi-Pacha, Yacoub-Pacha-Sami, Scheïk-Abdo, Ali-Pacha-el-Roubi, Toulba-Pacha, et enfin Mahmoud-Sami-Pacha-el-Baroudi.

Arabi-Pacha, en réussissant, trouva des amis plus sérieux et des panégyristes. A côté du notable Abdallah-Nedim, qui faisait descendre de Mahomet le chef du prétendu parti national, on trouvait M. Ninet, par haine de Nubar, M. Blunt, M. de Lesseps et enfin, mais discrètement M. de Ring.

L'admiration que le grand Français et le baron éprouvaient pour Arabi nous semble mitigée par tous les sous-entendus que cette admiration comportait.

C'est grâce à l'intervention de ces amitiés que Tewfick fut

obligé de céder au courant qui porta Mohammed-Sami-el-Baroudi à la présidence d'un cabinet dans lequel Arabi s'adjugea le portefeuille de la guerre.

Le passage aux affaires de celui que ses alliés transformaient en régénérateur de l'Égypte, en émule de Mohamed-Ali, en Mahdi annoncé pour l'an 1300 de l'Égire par des fanatiques exaltés, produisit de sérieuses désillusions.

Arabi n'avait pas l'envergure d'un homme d'État. Il voulut satisfaire tout le monde et lui-même : il ne satisfit personne. Il flatte Ismaïl, il flatte Abdul-Hamid, il flatte la France. Il ne trouve pas la ruse de flatter l'Angleterre, la mécontente au lieu d'atermoyer, et cède croyons-nous, aux conseils de Dervich-Pacha, l'envoyé turc, dont l'ingérance néfaste cause les massacres d'Alexandrie.

Un mystère plane encore sur cette subite explosion de haine religieuse, de haine de race.

Il paraît pourtant probable qu'Arabi n'a jamais donné l'ordre à ses partisans de frapper à coups de *naboul* sur la tête des chrétiens et Européens rencontrés dans les rues d'Alexandrie, de Zagazig et de Tantah. Le Caire, où le Khédive tremblait, ne fut pas atteint par ces troubles, devant lesquels les consuls et leurs nationaux fuyaient à qui mieux mieux.

Il y eut des scènes de désordres indescriptibles. Les Européens s'embarquaient à bord des bâtiments portant leurs pavillons respectifs. Bien rares furent les courageux citoyens de la vieille Europe qui restèrent fermes au poste, et, au péril de la vie, défendirent leurs malades, menacés par la foule affolée, dans les hôpitaux européens. Ceux qui ont fait leur devoir n'en sont que plus dignes des remerciements de leurs compatriotes, et il y a des noms que chacun respecte sur les bords du Nil, pour leur conduite patriotique dans ces moments difficiles.

C'est à cette panique de notre consul, M. Sienkiewicz, qu'il faut attribuer les complications désastreuses pour notre influence en Égypte, auxquelles les massacres servirent de prétexte.

La France, avec son habituel sentiment de justice, refusa de participer à ce fait véritablement odieux du bombardement d'Alexandrie quand l'ordre était rétabli.

Cette monstrueuse démonstration contre une ville sans défense sera, nous l'espérons, flétrie comme elle le mérite par l'histoire. L'avenir est le grand justicier devant lequel sont responsables les nations, si puissantes qu'elles soient au point de vue maritime.

A partir du débarquement des troupes anglaises, la partie était perdue pour Arabi : l'infériorité de l'armée Égyptienne, la livrait infailliblement aux *red-jackets*.

On s'attendait pourtant à une certaine résistance, et la nouvelle de la bataille de Tel-el-Kebir arriva si rapidement, qu'Arabi, soudain tombé de son piédestal, passa pour traître vulgaire, qui avait vendu ses soldats et ses partisans, moyennant quelques guinées et une pension viagère dans l'île de Ceylan.

La vérité, nul ne peut la dire d'une façon formelle. La nature avide du fellah, laisse le champ libre à toutes les suppositions. Nous voulons néanmoins croire que le protégé de M. de Lesseps était incapable de la plus odieuse des forfaitures.

Il n'a pas ordonné les massacres, il a eu le beau rôle, pendant ce bombardement qui ruina Alexandrie, et la couvrit de décombres blancs et poussiéreux; admettons seulement que l'Arabe fut coupable d'une trop grande présomption, d'une trop grande confiance dans ses soldats.

Il n'eut pas le bonheur de tomber sur le champ de bataille de Tel-el-Kébir, ce fut sa plus grande faute, car si l'homme s'était évanoui, le héros serait resté.

Aujourd'hui il reçoit assez aimablement les touristes qui vont à Colombo visiter l'ancien dictateur Égyptien. Ces touristes sont étonnés de trouver, au lieu d'un soldat aux habitudes martiales, un bon *gentleman farmer*, parlant anglais, engraissé et légèrement voûté.

M. Blunt ne le reconnaîtrait pas.

Quelle fut la véritable raison pour laquelle notre gouvernement laissa les canons anglais parler seuls ?

Nous l'ignorons, mais le consul Sienkiewicz qui a eu depuis un avancement bien peu justifié, portera devant l'histoire la lourde responsabilité des fautes qui ont compromis notre prestige en Égypte.

Ce n'était pas en tous cas la première fois que nous faisions du sentiment en politique, que nous nous désintéressions et laissions ainsi le champ libre à nos concurrents.

Nous supportons aujourd'hui les funestes conséquences de notre recul devant Alexandrie.

Dés qu'une armée d'occupation anglaise eût débarqué sur la côte d'Egypte, c'était de fait la déclaration formelle faite par l'Angleterre de supprimer le condominium, qui nous profitait peu mais valait encore mieux que notre situation actuelle.

Il fallait être absolument aveugle pour espérer que les troupes britanniques rétabliraient l'ordre au plus tôt et abandonneraient leur facile conquête. Pour ce qui nous concerne nous n'avons jamais compté sur une solution rapide de cette question d'Orient — éternelle — dont le nœud n'est plus à Constantinople mais au Caire.

La politique Gladstone inaugurait son système d'atermoiements, de délais, de retards, afin de se consolider avant que l'Europe lui demandât formellement de tenir la promesse réitérée de quitter l'Egypte dès que les troubles seraient apaisés.

Il fallait à la Grande-Bretagne des troubles pour se maintenir dans la vallée du Nil sans avoir l'air de manquer à des engagements précis. Les vingt mille soldats de l'armée d'Arabi devaient être envoyés à un massacre certain sous les ordres du général Hicks ; il était donc nécessaire de trouver d'un autre côté un nouveau foyer de désordre.

On songea à renvoyer Tewfick et les descendants de Mohamed Ali, à supprimer le khédiviat et à le remplacer par un gouvernorat dont le titulaire désigné était Nubar-Pacha.

Quelques mots ne seront pas inutiles sur cet homme d'État souvent calomnié en France par des ennemis qui ne le connaissent pas.

Né en 1824, il vint tout enfant à Sorèze, et acheva ses études dans une école de la Suisse française. Il voulait entrer dans notre légion étrangère en Algérie, quand son oncle, l'arménien Bogos, ce conseiller intègre et éclairé de Méhémet-Ali, l'appela sur les bords du Nil.

Il y revint, possédant à fond notre langue et très versé dans notre littérature.

Doué d'une mémoire merveilleuse, il avait réussi à s'assimiler toutes les branches des lettres et des sciences auxquelles il s'était adonné, et, peu à peu dans la suite, toujours en quête des besoins du pays, il devenait, sans même s'en douter, un agriculteur modèle, un ingénieur de bon conseil, même pour les gens du métier, un charmeur de la parole, un ministre dont pourrait s'énorgueillir n'importe quelle puissance européenne.

Nubar-Pacha fût à bonne école.

Bogos-bey le plaça dans le bureau des interprètes, et le jeune homme acquit toutes les langues qui pouvaient lui être utiles dans sa situation. En qualité d'arménien, il avait du reste une facilité remarquable de polyglotte ; avec sa langue maternelle, il sait le turc, l'anglais, l'italien, le grec moderne, le persan, l'arabe et l'arménien classique. Son poète préféré, c'est le persan Ferdousi, l'auteur du *Schah Namèh*, et il récite avec un véritable plaisir les strophes plus modernes du Caïrote, le Scheïk el Mehdi, dans une traduction française. Machiavel, avec ses *Commentaires sur Tite-Live*, lui tient compagnie pendant les nuits d'insomnie.

Son romancier, c'est Dumas père.

Ses deux historiens préférés sont Thierry et Guizot. « Thierry, dit-il, parce qu'il sait évoquer le passé de façon à m'y faire vivre ; Guizot, à cause de sa prodigieuse qualité de synthèse. Michelet, ajoute-t-il, a, selon moi, le tort de pousser à l'extrême son système, bon, peut être. » Puis avec un sourire à une jeune fille, présente à ce petit cours de littérature, il continuait :

— « Moi aussi, je suis du métier. J'ai fait de la littérature.

J'ai contribué à la traduction en turc de Télémaque. J'aidais Kiamil-Pacha, qui, à cette époque ne savait pas le français. Je savais d'avance que ce livre plairait aux Turcs, parce qu'il contient en très grand nombre des sentences morales et gouvernementales. »

C'est ainsi que les orientaux aiment à écrire.

« J'ai traduit encore Saadi du Persan. Le manuscrit a servi à allumer le feu.

Enfin, j'ai eu le courage de couronner ces traductions par celle du cinquième volume du Consulat et de l'Empire.

Plus tard, après avoir lu trois fois l'*Africain*, de Charles

Edmond, j'ai eu envie de le mettre en turc. La politique ne m'en a pas laissé le temps.

Je le regrette, car c'est en traduisant en turc les orateurs politiques français que j'arrive à les estimer à leur juste valeur. Le turc étant une langue concise, toutes les superfluités disparaissent, et deux pages d'Odillon Barot m'en donnent à peine une demie ; par contre, deux pages de Guizot m'en fournissent trois ou quatre. Thiers seul peut se traduire ligne pour ligne. »

La conclusion de cette conférence trop courte furent quelques mots bien agréables pour les oreilles françaises qui les entendirent :

— « Au fond, je suis français.

J'ai été élevé en France, et il n'y a pas au monde de pays que j'aime d'avantage, sauf peut-être la Laponie, quand nous sommes accablés ici de 40 degrés de chaleur.

Mes meilleurs amis sont Français et je n'ai jamais pu, — par une fatalité inconcevable, — vivre en bonne harmonie avec les représentants du gouvernement français. »

Il ne met aucun faux amour propre à donner des détails autobiographiques intéressants, puisque son histoire c'est l'histoire de l'Égypte sous les successeurs de Mehemet-Ali. Entré à seize ans dans le drogmanat, il épouse à vingt-quatre ans une jeune Arménienne. Il avait trouvé une digne compagne de sa vie dans la fille de Kevork-Bey-Eramiau, le beau-frère d'Abraham-Pacha, le futur favori d'Abdul-Aziz. En 1848, Nubar venait à Paris en qualité de secrétaire d'Ibrahim-Pacha, le fils de Mehemet-Ali, dont il enrayait les accès de cruauté, simplement par la parole. Le terrible destructeur des Wahabites lui accorda toute sa confiance et lui ouvrit le chemin des grandeurs. Sous Abbas, il jouit de la même faveur, et obtient le titre d'effendi. Saïd le garda quelque temps comme secrétaire privé; puis, avec le titre de bey lui confia la direction générale des chemins de fer. Il occupait ce poste, lorsqu'en 1856, sans que Nubar put l'empêcher ou y prêter la main, arriva *l'accident* du Nil à Tell-el-Barout. Un wagon contenant Ahmed, fils aîné d'Ibrahim et héritier présomptif du trône, fut poussé dans le fleuve. Ahmed périt, et d'après la loi musulmane, Ismaïl, étant l'aîné de la famille, héritait de son droit à la couronne vice-royale.

Il a été absolument ridicule de mêler le nom de Nubar à cet accident. Il eût été plus simple de se poser l'antique question légale : « Cüi prodest ? » si quelque personnalité pouvait être incriminée dans un évènement fort explicable sans y chercher un crime prémédité.

En 1862, Nubar contracte en France le premier emprunt égyptien, en nous donnant ainsi la préférence sur l'Angleterre. On le lui reprocha, comme on lui reproche aussi de ne pas avoir été favorable au canal de Suez. Il ne faut pourtant pas oublier que Nubar avait hérité avant tout des idées de Mehemet-Ali, qu'il ne s'était inféodé à aucune puissance, qu'il était devenu Egyptien, dans la vraie acception du mot, en considérant comme sa patrie le pays auquel il avait résolu de consacrer sa vie entière. Or, comme Mehemet-Ali, qui s'était opposé à un projet anglais de jonction des deux mers, il considérait le canal comme la ruine d'Alexandrie et peut-être du pays tout entier puisque tous les produits de la Haute-Egypte préféreraient la voie de la mer Rouge à celle du Nil. D'ailleurs, il n'apporta aucune entrave à l'idée de M. de Lesseps.

Saïd préférait à Nubar son favori Sefer-Pacha (Koscielski) dont les goûts et l'esprit lui plaisaient d'avantage. Néanmoins il lui fit quelques concessions, et sur ses conseils améliora le sort du fellah, diminua les impôts, adoucit les corvées, réuisit l'armée, admit les Egyptiens aux hauts emplois qu'a-aient monopolisés les Européens et les Turcs.

Sous Ismaïl, à partir de 1863, toute la partie brillante du ègne est l'œuvre de Nubar. C'est lui qui prépara ou donna impulsion à toutes les innovations fécondes, dont le vice-roi 'attribue dans sa lettre à Saïd-Pacha tout le mérite. Il en ût un —, celui de laisser faire Nubar et de ne le contrecarrer ue quand ses revenus personnels étaient trop directement n cause.

Une gloire que nul calomniateur, nul envieux n'arrachera amais à l'homme d'état arménien c'est d'avoir lutté pendant le longues années pour établir le bon fonctionnement de la ustice en Egypte.

Un mérite qu'on ne lui retirera pas, c'est d'avoir toujours ait passer les intérêts du pays avant ses propres intérêts et l'avoir poursuivi l'œuvre grandiose de Mohammed-Ali avec a persévérance et l'intelligence d'un véritable homme d'Etat.

Quand l'Angleterre lui offrit cette situation fort enviable de gouverneur de l'Egypte, Nubar-Pacha comprit que cette ré-olution de palais trouverait de violentes oppositions parmi a population musulmane. De plus, il avait reporté sur les lescendants du premier Pacha la vénération qu'il avait pour Mahommed-Ali. Il refusa et se contenta d'accepter la prési-lence du conseil.

Les anglais obligés de renoncer à un projet qui promettait l'être fertile en troubles, durent se tourner d'un autre côté.

Le Soudan, était là, facile à soulever, facile à exploiter.

Et puis, qui donc irait au Soudan s'assurer de la véracité les dépêches anglaises ?

Il était facile en tout cas de provoquer là-bas quelque explosion inattendue. N'était-ce pas par excellence, depuis la constitution du Pachalik un foyer de rebellion et de troubles ?

Ibrahim, pour le compte de son père avait guerroyé contre les peuplades du Darfour et du Kordofan, mais n'avait pas réussi, pendant son règne de quelques mois, à établir sérieusement son autorité sur Khartoum, la capitale nouvelle, que sa situation au confluent du Nil bleu et du Nil blanc ne devait pas tarder à rendre très importante pour tout le commerce de la Haute-Egypte et de l'Afrique Centrale.

Abbas poursuivit l'œuvre commencée. Sa mère, qui avait sans doute été ramassée sous une de ces tentes de toile et de poils de chameaux vagabondant à travers le désert et venant, parfois fatiguées, se piquer aux abords des villes, lui avait mis dans les veines un peu de sang bédouin et tous les instincts du nomade. Il s'amusa donc aussi à guerroyer dans le Soudan et se construisit un palais en plein désert. Les ruines de cet édifice indiquent encore le passage du Pacha, aux vices monstrueux, mais à l'énergie merveilleuse.

Avec Saïd, la race forte de Mohammed-Ali, s'affaiblit. Les entreprises guerrières font place aux entreprises industrielles. Le souci de l'essor à donner à l'agriculture et au commerce fait négliger les provinces de la Haute-Egypte, où les Moudirs trônent en véritables Sultans. Saïd confie ses troupes à ses généraux, se contente de manœuvres militaires et de revues.

Le Soudan, sous Ismaïl, vit d'une vie presque distincte de celle du reste du Khédiviat. Il n'est pour ainsi dire, rattaché à la couronne vice-royale que nominalement. Les germes de révolte s'étendent. Les haines de couleur s'avivent.

Le Mahdi apparait. Armé du rosaire à 89 grains correspondants à un nombre égal de surnoms donnés à Allah, le fils d'un petit charpentier d'Obeïd, après avoir acquis un grand renom de sainteté, en vivant au fond d'un puits, se sert de son autorité sur deux ou trois cents admirateurs fanatiques pour les pousser à refuser de payer leurs taxes.

Le gouvernement les exigea et envoya contre eux un dé-achement de soldats égyptiens qui furent massacrés. La ebellion s'étendit naturellement par haine du fisc. Obeïd est rise. Hicks-Pacha et ses vingt mille hommes sont massacrés Kacheghil. Gordon, arrive à Khartoum. Les mauvais sol-ats qui l'entouraient n'étaient plus qu'un mince rempart evant l'attitude menaçante du *Guide*, du Mahdi, Mohammed-chmet, acclamé par les populations noires. En son nom, t par son ordre, ainsi qu'il le constate dans ses lettres, des xécutions, des exactions sans nombre avaient eu lieu. Après voir fait froidement fusiller le fils de Zobéïr, le Sultan du)arfour, convaincu de faire la traite des sujets de son père, ;ordon favorise le commerce des esclaves. Il prétend qu'il iourra moins de malheureux noirs en route quand les *Gelabs* esseront d'être inquiétés au passage. Singulière façon de omprendre l'humanité.

Le pacha anglais songe même, un moment, à demander ne petite commission au marchand d'esclaves, sur les ventes ructueuses. C'est un moyen de faire rentrer dans le trésor me somme égale à celle que les partisans du Mahdi refusent le payer.

Le gouverneur, au nom du Khédive et de la civilisation, lla jusqu'à offrir à Mohammed Achmet le titre d'émir et son mitié. Il lui demanda un rendez-vous pour s'entendre avec ui. Il promettait de s'y rendre seul et sans armes. Le Mahdi efusa et s'empara de Berber.

Alors, pour épuiser tous les moyens de conciliation, sen-ant combien sa position était critique, Gordon demanda au ;ouvernement de lui adjoindre Zobeïr, dont il avait tué le ils, et que l'Angleterre a gardé comme ôtage. Il supplie la nère patrie, qui l'a presque canonisé après sa mort, de lui envoyer des soldats et de l'argent et jour par jour, le pacha consigne par écrit les douloureuses ou ironiques réflexions que lui inspire la sauvage incurie de ses compatriotes, leur déloyal abandon.

Khartoum est sérieusement menacée. Toute communication est interrompue entre la ville bloquée et le Caire ou la mer Rouge.

Toute la responsabilité incombe, non au manque de courage de Gordon, qui était un merveilleux soldat, mais au manque d'humanité de ce gouverneur biblique. Au lieu de traiter les noirs comme de grands enfants, souvent inconscients, il les a traités comme un planteur rossant et tuant son bétail noir. Ses agents rançonnent et volent. Quand l'affaire est terminée, le pacha fait un rapport sec, agrémenté de quelques citations de la Bible ; il greffe sur le tout quelques aventures personnelles : tout est dit.

Il a entretenu pieusement les noirs dans l'idée qu'ils forment une race à part et qu'ils n'ont rien à attendre de leurs maîtres Pour faire entendre leur protestation, il ne leur restait donc que la rébellion en masse.

Voilà à quoi devaient aboutir les expéditions envoyées par Ismaïl en 1872 et 1874 jusqu'aux lacs Nyanza.

La fraternité de la couleur qui avait longtemps voué les noirs aux plus horribles traitements, les réunit tout à coup contre les oppresseurs, les blancs, les collecteurs de taxes. Ils entrevirent peut-être dans un avenir prochain le soulagement de leurs misères par le massacre des Egyptiens, employés du fisc, et par le refoulement dans les eaux du Nil et de la mer Rouge des Anglais et des Italiens, Kawas sans merci, sans souci, sans pitié des fonctionnaires égyptiens.

Une nuit Kartoum est investie. Par la trahison où la ruse, les Mahdistes se précipitent dans la ville en hurlant. Ils massacrent sans tenir compte de l'âge, du sexe, ou de la religion de leurs victimes. Un musulman qui n'est pas noir, n'est pas, selon eux, un bon musulman. Gordon se défend au governorat. Il est tué et les farouches soldats du Mahdi se retirent à Omdourmann, après avoir fait leur prière au milieu des cadavres qu'ils laissent pourrir sur place.

Quelques heures après la prise de la ville, des renforts anglais arrivaient et étaient obligés de rebrousser chemin.

La chute de Kartoum semble paralyser la Grande-Bretagne. Avec un peu d'énergie, il était possible encore de rentrer dans la ville dévastée. Le Mahdi, sans connaissances militaires n'avançait pas. Ses soldats mourraient décimés par les fièvres et la petite vérole. L'Angleterre resta inerte. Woolseley et Graham hésitent à envoyer un corps par le Nil et à opérer rapidement contre Mohammed-Achmed avec des renforts venus de Souakim à Kassala.

Pendant les retards apportés à ce plan, le Madhi groupe autour de lui 40 ou 50 mille hommes accourus du Darfour, du Kordofan, du Takka. Il se procure des canons, pris par ci par là dans les villes qu'il a conquises. Il se trouve donc à même de tenir tête aux quelques milliers d'hommes éparpillés sur les côtes de la mer Rouge et sur les rives du Nil. La prise de Kartoum a rendu le Mahdi un ennemi sérieux avec lequel il était grand temps de compter.

Kassala tombe à son tour. Presque sans coup férir, cette ville, que sa situation entre Massawah et Kartoum, indiquait comme base des opérations contre le flanc du Mahdi, est abandonnée à l'ennemi.

Souakim est bloqué. L'Angleterre n'a plus qu'à reculer après avoir laissé immobiliser ce port qui, presque à égale distance de Kassala et de Berber, était le seul point d'où les contingents anglais peuvent ravitailler et soutenir soit les

Italiens de Massawah, soit les Anglais sur le Haut-Nil. Ce plan avait paru un instant se dessiner nettement. Sir G. Graham avait établi son quartier général à Korti, au fond du coude que forme le fleuve entre la 3° et la 4° cataracte, ce qui le mettait à même de marcher à volonté sur Berber ou sur Kartoum.

Une reconnaissance désastreuse dans les environs de Souakim vint tout déranger.

L'escarmouche autour des puits fortifiés d'Achin a prouvé l'intrépidité sauvage des noirs qui obligèrent le contingent hindou à reculer, après des prodiges de valeur.

Ce nouveau désastre était si imprévu, qu'une sorte de panique s'empara du commandant anglais. Il abandonna les *Zeribas* où ses bataillons s'étaient fortifiés et se retira vers Dongolah.

Les troubles, désirés par l'Angleterre, prenaient des proportions inattendues et ce mouvement en arrière servait mieux le Mahdi que les victoires de ses partisans. Comment douter encore de la mission divine du menuisier d'Obeïd, qui forçait ainsi les blancs à la retraite ?

Le saint personnage se transforme, aux yeux des populations à moitié sauvages, en tacticien consommé. Il ne s'aventure plus à attaquer les endroits fortifiés. Il cherche un auxiliaire dans la disposition du terrain et dans la mobilité du sol, qui se dérobe sous les souliers des soldats anglais. Il n'avance que certain de la supériorité numérique de ses troupes. Au lieu de lutter contre des rizières et des bambous, comme nos soldats au Tonkin, les *red-jackets* luttent sur des étendues immenses de sable brûlant. Ils marchent et combattent à l'aveuglette, tandis que leurs adversaires sont renseignés par les Ababdêhs, qui vendent aux troupes anglaises le fourrage et les chameaux, par des personnages mystérieux du

Caire, avec lesquels le Mahdi ne cesse d'entretenir des communications, s'il faut en croire l'avis suivant inséré dans les journaux locaux :

THE

EASTERN TELEGRAPH COMPANY

LIMITED

AVIS

A partir de ce jour, et jusqu'à nouvel avis, la réception et l'expédition des télégrammes privés au bureau de Souakim est interdite, sauf pour ceux qui sont rédigés en clair en Français, Anglais ou Italien, et ayant un caractère purement commercial ou privé. Les mots et les chiffres conventionnels sont interdits.

Par ordre du Gouvernement de Son Altesse le Khédive :

B. Smith,
Directeur principal en Egypte

Le Caire, 13 mars 1885.

L'Etat-Major de l'armée d'occupation reste de longs jours sans nouvelles du corps expéditionnaire. Les bruits les plus contradictoires circulent, pendant que le vent du désert soulève des monticules et creuse des précipices, où les Dongoliens rampent comme des serpents, se brûlant la peau au contact de cette poussière incandescente, pour tomber tout à coup sur leurs ennemis. Ceux-ci sont épuisés. Plus d'intendance savamment organisée : l'eau des puits ou du Nil, et des dattes, et du *corn-beef*. Plus de route : la marche à l'aventure et les journées de soleil intense et les nuits humides. La soif racle les gorges enfiévrées. La maladie frappe les plus solides.

Que d'obstacles surhumains n'ont pas rencontré les soldats de notre première République ! Que de génie et de sang il a fallu prodiguer pour aller graver le nom de Desaix au delà de la première cataracte ! Et les Anglais étaient près de la quatrième !

Sir G. Graham essaya de faire oublier son triste début. Mais il n'avait décidément pas de chance. Osman-Digma, menaça sérieusement Souakim. Les Italiens de Massawah, saisis d'affolement, se livraient une nuit à un échange de fusillades : deux régiments se prenaient mutuellement pour l'ennemi insaisissable ! Le commandant en chef en était réduit à ne pas s'aventurer au delà des retranchements dans la crainte de tomber dans quelque embuscade. La débâcle continuait. Le projet de chemin de fer de Berber à Souakim était définitivement abandonné. Les corps expéditionnaires reculaient devant le soleil. Il fut question un instant de changer le climat pour changer le sort des armes. On voulut noyer le pays grâce à un barrage, et, par de savantes irrigations élever une barrière de végétation entre le Soudan et l'Egypte. On pensa à submerger la seconde cataracte afin de rendre le fleuve naviguable jusqu'à Whadi-Halfa et le Caire. La chaleur, le sable s'opposèrent à ce dessein.

Après une série d'escarmouches dans le genre de celle de Aschin, Albion recula, suivie par les tribus alliées qui, par terreur du Mahdi, remontaient le Nil avec le gros de l'armée, et — première invasion sauvage — compromettaient l'ordre dans les campagnes et les villages égyptiens.

La rentrée au Caire des blessés et des malades fut navrante. Ces soldats abîmés par la fatigue et les privations étaient horribles à voir. Pourtant Woolseley avait fait couler dans les rues de la Haute-Égypte toutes les boissons alcooliques des *Bak-Kals* Grecs ou Italiens afin d'empêcher le gin de servir d'auxiliaire au Soleil dans son œuvre de mort... Dongolah succombe.

A la fin de juin les premiers régiments revenaient à la première cataracte et les troupes d'occupation devaient se composer de 3 bataillons dont l'un à Whadi-Halfa, un autre à Korosko et le troisième à Assouan. En tout quatre mille hommes pour défendre les approches du Caire et quatre autres milliers de soldats pour garder la capitale. Alexandrie de son côté recevait quinze cents à deux mille hommes. L'effectif de l'armée anglaise se composait de 12 à 15 mille soldats. 3,000 Italiens restaient à Massawah brûlés par une chaleur suffocante de 40 degrés à l'ombre, dévorés par les moustiques et la fièvre.

Tel est le résultat de la politique de M. Gladstone; consistant à entretenir soigneusement les troubles afin d'avoir l'air de les enrayer, et d'avoir une raison plausible de rester dans la vallée du Nil. Les Anglais furent les premières victimes de ce plan. C'est justice.

Les indemnités accordées aux victimes du bombardement d'Alexandrie, les neuf millions de livres fournis au Trésor Egyptien n'adoucissent pas le malaise général créé par la situation fausse de l'Angleterre en Egypte.

VI

L'AFFAIRE DU BOSPHORE

Les publications périodiques se sont multipliées en Turquie et en Égypte dans la deuxième moitié de notre siècle. Le Caire et Alexandrie, plus encore que Constantinople, présentent un reflet de l'envahissement toujours grandissant du journalisme. Et, nous le disons avec un sentiment de peine, les journaux en toutes langues ne se fondent pas toujours sur les bords du Nil avec les noms et les idées qui constituent en France la presse honnête. Les capitaux mis dans l'affaire sont généralement insignifiants, les frais d'impression et de papier sont par contre bien élevés, tandis que le produit des annonces et de la vente est très limité ; une feuille périodique n'a donc que deux moyens de se soutenir puisque la multiplicité des organes rend l'existence quotidienne encore plus difficile. Ces deux moyens, tout homme du métier les devine aisément. Il faut, ou que le journal serve les intérêts cachés d'un bailleur de fonds anonyme, ou que le journal compte sur une subvention inavouable.

Longtemps ce fut un métier lucratif de rédiger et d'imprimer une feuille qui, par son prix élevé (une piastre le numéro), trouve à peine trois cents ou quatre cents acheteurs. A ce prix là en effet il vaut mieux s'abonner à un journal européen.

La *Bristish Agency* entretient ses journaux. Il faut que les feuilles faisant de l'opposition systématique à l'Angleterre trouvent quelque part des appuis financiers.

La situation n'est pas assez belle pour tenter les bailleurs de fonds : la suppression par le gouvernement local est la seule opération lucrative et pratiquée souvent par les journalistes à bout de ressources en Egypte. Cette suppression, c'est la certitude pour la feuille agonisante de respectables dommages-intérêts accordés par les tribunaux mixtes à la requête d'un consul général.

Que l'Egypte en a vu naître et mourir de ces feuilles éphémères !

Au moment de l'affaire du Bosphore paraissaient un nombre de journaux tout à fait en disproportion avec le nombre des lecteurs :

En arabe, le seul ayant une certaine valeur politique c'était l'*El-Ahram* (les Pyramides) rédigé par Takkla-Bey à Alexandrie et ayant un noyau de lecteurs, grâce à plusieurs années d'existence. Il paraissait côte à côte avec le *Rodel el Iskandérièh* (le Jardin d'Alexandrie) et *El Mahroussah* (le Préféré).

Au Caire, le plus ancien des journaux arabes est l'officiel : *El Wakaiëh el Masrièh* (les Nouvelles du Caire). Il s'y publie encore trois journaux assez soignés au point de vue de la rédaction : *El Watan* (le Sol, la Patrie) ; *El Zaman* (le Temps) qui se permet une légère opposition au gouvernement ; *El Baïan* (la Démonstration). On peut encore citer *El Elam* (l'Information) avec des tendances anglaises et *El Miral el Chark* (le Miroir de l'Orient).

Cette presse arabe ne sort que rarement des limites d'une polémique respectueuse. C'est que la presse indigène tombe directement sous le coup de *hatts*, et d'arrêtés ministériels dont les Européens, avec l'aide de leurs consuls, ont pris l'habitude de faire litière. Les journaux publiés par des étrangers varient donc en titres et en nombre d'une année à l'autre, d'un mois à l'autre. En établir la nomenclature pour donner une idée de l'état de cette presse, c'est nous exposer à paraître bien arriéré.

Citons d'abord le *Bosphore égyptien*, sur lequel nous reviendrons.

Le *Courrier d'Egypte* soutenait son confrère et s'efforçait de le surpasser quelquefois. Un seul journaliste relevait quelquefois l'organe brutal, c'était Jehan Soudan, dont les articles souvent mordants et bien écrits juraient dans ce cadre grossier.

La Phare d'Alexandrie, sous la direction sage et modérée du docteur Aïkalis-bey, recevant sans doute de Naples ou de Paris la subvention que ses deux concurrents attendaient des tribunaux, avait su, auprès des honnêtes gens, conquérir la première place, malgré des éloges pompeux d'Ismaïl-Pacha, répandus avec prudence. Organe de l'alliance franco-hellénique, ce journal, par des coupures habiles et des articles intéressants, ne se trouverait pas déplacé dans la presse parisienne.

A côté de ces trois feuilles françaises, les Anglais, pour faire l'apologie de leur politique, de leurs fonctionnaires, de leurs officiers, avaient deux journaux : Le *Times of Egypt* et l'*Egyptian Gazette*. Leur temps se dépensait surtout à engager en français et en anglais avec leurs confrères français des polémiques oiseuses. Aucun des adversaires ne restait dans l'impartialité et le bon ton.

La colonie italienne n'avait qu'un organe : Le *Messagiere*. Les autres venaient de mourir à la peine.

Le Caire possédait en outre un journal mal illustré : Le *Mephisto*, assumant des allures satyriques, mais se bornant la plupart du temps à donner des nouvelles des principaux théâtres, celui de l'Opéra, de l'Esbekieh et du Polyteama.

Suez et Port-Saïd ont aussi leurs journaux spéciaux, qui font moins de bruit que ceux d'Alexandrie et du Caire.

Telle était la situation de la presse en Égypte au moment de la déplorable affaire du *Bosphore Egyptien*.

Cet incident est contenu tout entier dans une partie du livre jaune, qui vient d'être distribué par le ministère des affaires étrangères.

Ces documents diplomatiques vont jusqu'au 21 mai 1885.

Deux ans se sont donc écoulés et, depuis, bien des événements se sont succédés. C'est là une garantie d'impartialité pour l'étude de ces notes.

Aujourd'hui que cette affaire est oubliée, nous pouvons tout dire sans risquer d'effaroucher les faux patriotes qui oublient souvent les véritables intérêts de la patrie pour épouser des querelles peu recommandables.

Ce journal était venu de Port-Saïd au Caire avec un imprimeur, M. Serrière, et un rédacteur en chef, M. Giraud, pour lequel l'esprit semblait consister à écrire des grossièretés ou des injures à l'adresse de tous. Les insultes aux Anglais et au gouvernement local perdaient nécessairement de leur portée par l'habitude que M. Giraud, tachant de se hausser, sans y parvenir, à la taille de Rochefort, avait contracté de n'épargner personne, même pas ses compatriotes.

A la suite de nombreux avertissements, un arrêté ministériel du 29 février 1884, supprima le journal.

Celui-ci continua à paraître.

Ce fut une première faute de la part de notre agent diplomatique au Caire de ne pas contraindre le *Bosphore égyptien* à se soumettre à cet arrêté, absolument légal, puisque tout journal, qui se publie en Ègypte, reconnaît l'autorité du gouvernement local en lui demandant une autorisation préalable et en déposant un cautionnement.

Notre consul général devait donc exiger du journaliste coupable la suppression réclamée par le gouvernement égyptien, quitte à laisser les deux parties se débrouiller devant les tribunaux mixtes, si la mesure du ministère de l'intérieur était arbitraire.

Par son appui, notre représentant encouragea la feuille qui, dès lors, ne connut plus de bornes.

Elle avait du reste trouvé un ardent appui dans M. Borelli, auquel Nubar-Pacha refusait de renouveler un contrat lui attribuant les fonctions et les appointements d'avocat-conseil du gouvernement.

Le fonctionnaire congédié avait entre les mains un instrument docile dont son amour-propre froissé devait se servir.

Nous ne voulons pas mêler ici de questions de personnalités, questions qui nous répugnent, mais nous ajouterons que M. Borelli devait être connu du ministère français, puisqu'il fut sous-préfet d'Issoire, et qu'un ministre s'est chargé, plus tard, de le réhabiliter en lui donnant la croix de la Légion d'Honneur.

Le gouvernement égyptien, désireux de conserver avec la France ses relations, sinon amicales, au moins sans sous-entendus hostiles, n'exigea pas l'exécution de son arrêté du 29 février 1884 contre le *Bosphore égyptien*.

Pendant plus d'un an, la feuille n'en continua pas moins à déverser les injures sur tous les fonctionnaires anglais, français, italiens ou égyptiens. Les Belges eux-mêmes n'étaient pas à l'abri de ces attaques. Il suffisait de soumettre à Nubar-Pacha un projet utile, pour qu'il soit aussitôt abimé par M. Giraud. Il suffisait d'avoir conquis une situation sur les bords du Nil, pour que M. Borelli engageât les rédacteurs à sa solde à couvrir de calomnies le malheureux fonctionnaire, réduit au silence par l'impossibilité où le mettent les lois existantes de se défendre et d'obtenir la condamnation du coupable ; mais le bailleur de fonds se lassait.

Le *Bosphore* ne devait pas s'arrêter en si beau chemin. Pendant plusieurs semaines, il fut visible que le journal par tous les moyens à sa disposition cherchait à pousser le gouvernement à bout, à le forcer de sévir.

Le *Bosphore* devait atteindre ce but.

Devant le peu de résultats des articles injurieux, il se décida tout simplement à transgresser les lois locales, qui régissent la presse en Égypte, en attendant que l'Europe se décide à élaborer une véritable loi.

Quand un journal paraît, en faisant sa demande, le propriétaire doit déclarer en quelle langue ce journal sera publié. L'emploi de tout autre idiome lui reste interdit.

Le *Bosphore*, journal français, se publiant en français, insérait, le 5 avril 1885, toute une page arabe.

Oubliant les intérêts supérieurs des Européens, quelle que soit leur nationalité, établis en Égypte, un journal se disant français, compromettait la sécurité de tous les Français du Caire et d'Alexandrie, en publiant cette proclamation du Mahdi — proclamation absolument apocryphe du reste — appelant tous les Noirs à la révolte contre les blancs et les invitant au massacre.

Or, M. Saint-René-Taillandier, en l'absence de M. Barrère — pour cause de santé, car notre consul général jouissait d'une dyssenterie perpétuelle, — M. Saint-René-Taillandier aurait dû comprendre combien, par cette publication imprudente, toute la famille européenne et la sécurité publique étaient menacées.

C'était jeter, d'après les statistiques, 353,188 Arabes contre environ 21,650 Européens.

Telle était l'œuvre, soi-disant française, de MM. Borelli et Giraud. Telle fut l'œuvre que M. Saint-René-Taillandier défendit *unguibus et rostro.*

*
.

Le gouvernement local laissa à notre gérant de l'Agence et du Consulat général le temps de prendre l'initiative d'une suppression réclamée par tous les Européens, sans distinction de nationalité, et par tous les Français honnêtes, quelle que fût leur antipathie pour l'Angleterre.

Le remplaçant de M. Barrère avait sur ses nationaux un pouvoir discrétionnaire, dont il aurait dû se servir, pouvoir qui permet aux consuls généraux d'embarquer dans les vingt-quatre heures tout compatriote qui leur déplaît, pouvoir dont une personne honorable, comme M. Jacquin, notre ancien député de la nation à Alexandrie, fut victime, sous le consulat de M. Sienkiewicz, pour avoir télégraphié à Paris avant notre agent diplomatique, la nouvelle des massacres d'Alexandrie.

Devant l'indifférence de M. Saint-René Taillandier, le gouvernement local se décida à sévir; il prit le 8 février 1885, en conseil des ministres, un arrêté dont le texte, transmis à M. de Freycinet, ne laissait aucun doute sur la patience dont le gouvernement avait fait preuve vis-à-vis du *Bosphore égyptien.* (N° 4) (1).

Ordre était en même temps donné au gouverneur du Caire

(1) Les chiffres entre parenthèses renvoient le lecteur aux pièces diplomatiques numérotées du *Livre jaune.*

de procéder à la fermeture de l'imprimerie Serrière, afin d'empêcher l'impression du journal.

Étant donné que le *Bosphore*, déjà supprimé depuis plus d'un an, continuait à paraître, c'était le seul moyen d'assurer l'exécution du décrêt.

Comme les Capitulations l'exigent, le gouvernement local prévint M. Saint-René Taillandier de la mesure qu'il venait de prendre, et, selon les habitudes, lui demanda, toujours pour respecter les Capitulations, d'envoyer un représentant du Consulat pour assister à l'exécution du décret. (N° 1.)

Le devoir de notre Chargé d'Affaires était nettement tracé. Il n'avait pas à prendre parti pour le journal, coupable ou non, il devait se souvenir qu'un jugement de la Cour d'Appel d'Aix établit *formellement* la légalité de l'intervention du gouvernement local dans les délits de presse. L'exterritorialité n'étant pas reconnue à nos nationaux par un tribunal français, le remplaçant de M. Barrère, pour éviter la fermeture de l'imprimerie, afin d'éviter un incident diplomatique peu fait pour rehausser notre prestige en Egypte, n'avait qu'à prier le rédacteur — en l'exigeant au besoin — de cesser une publication devenue dangereuse pour la tranquillité publique.

Au lieu d'adopter ce sage parti, le Consulat général, en protestant, obligea le gouvernement local à un déploiement de forces qui, inévitablement, devait donner lieu à des rassemblements destinés à troubler les rues paisibles du Caire.

Il y avait un intérêt international à supprimer le journal, il n'y en avait aucun à le laisser paraître ; ce journal ayant excité des sujets de plainte, — c'est M. Saint-René Taillandier qui l'avoue. (N° 5.)

L'arrêt ministériel fut exécuté avec autant de ménagements que possible par la police *indigène*.

Le rapport de M. Taillet, notre Chancelier (n° 11) est néque tout journaliste étranger reconnaît l'administration locale, en fondant un journal, par la demande d'une autorisation et le dépôt d'un cautionnement. La cour d'appel d'Aix a de plus formellement reconnu, ainsi que nous l'avons dit, la légalité des mesures prises en matière de presse par le gouvernement local.

La prétendue violation d'un domicile français était tout aussi peu soutenable. Les Capitulations autorisent la police indigène à pénétrer dans le domicile d'un Européen, en cas de besoin, puisque la clause des capitulations porte simplement que les agents du gouvernement local ne pourront pénétrer dans la demeure d'un étranger sans NÉCESSITÉ. Or, y avait-il nécessité ? C'était aux tribunaux mixtes de juger, non à M. Saint-René Taillandier. C'était à eux aussi d'établir si, en Egypte, le lieu où un Européen exerce une industrie et n'habite pas, doit être considéré comme le domicile personnel de cet Européen, quand, en tant qu'industriel, il reconnait la suprématie du gouvernement local.

Les offenses faites publiquement à nos agents, n'ont eu aucun caractère de gravité, et d'ailleurs, notre consul général, en oubliant son devoir nettement tracé par les Capitulations faisait preuve de légèreté en s'exposant à ce conflit avec la police indigène.

Les autres documents contenus dans cette partie du nouveau Livre jaune n'ont pas grande importance.

Ils constatent pourtant que des deux côtés, la querelle, aiguë à son début, se termina sans amener de grands résultats — c'était donc un incident inutile, et en diplomatie, tout ce qui est inutile est nuisible.

M. Saint-René Taillandier, après avoir plusieurs fois annoncé son départ et l'avoir démenti par des *avis* placardés dans les cafés du Caire, s'en va jusqu'à Alexandrie.

cessairement entaché de certaines exagérations excusées par la surexcitation du moment et la distance.

Notre chancelier est à la porte de l'imprimerie, avec l'ordre de ne céder qu'à la violence. Une foule nombreuse prévenue est dans la rue, pousse des vociférations et des menaces — foule où l'élément français ne domine pas. Le commandant de la police montre le décret du ministre de l'intérieur. Le représentant de la France lui répond selon les instructions données par M. Saint-René Taillandier. Avec autant d'urbanité et de courtoisie que nécessite sa mission délicate le capitaine de gendarmerie déclare qu'il doit exécuter des ordres formels et appelle un serrurier. Une poussée a lieu dans la foule, la police indigène l'écarte, une bousculade se produit. L'officier égyptien touche légèrement M. Taillet sur l'épaule en lui demandant si cet acte de violence suffit. Le chancelier répond affirmativement et la porte est enfoncée. Après s'être assuré qu'il n'y a plus personne dans l'imprimerie, la police indigène ne brise aucune presse, comme l'a prétendu Havas, appose seulement les scellés sur la porte refermée à clef et place deux factionnaires à l'entrée de l'établissement de M. Serrière.

Nous affirmons l'exactitude de cette version.

Notre gérant du consulat général se résume nerveusement dans ce peu de mots : fermeture arbitraire d'une imprimerie française, violation d'un domicile français, offenses graves faites publiquement à nos agents (n° 7).

La fermeture n'était pas arbitraire puisqu'elle était basée sur la loi de 1881, qui régit la presse en Egypte et que nous n'avons pas le droit de considérer comme nulle et non avenue (n° 2), tant que les puissances ne l'auront pas remplacée par une autre loi, avec l'agréement du gouvernement Egyptien ; nous devons au contraire la reconnaître valable puis-

Çette suzeraineté de la Turquie que nous invoquons volontiers dans d'autres circonstances, nous ne l'admettions pas dans l'incident présent. L'Angleterre, au nom de qui l'on veut faire croire que le gouvernement local a pris son arrêté, abandonne Nubar-Pacha.

Celui-ci, après une sorte d'ultimatum présenté puis retiré, ne donne aucune espèce de satisfaction réelle à M. de Freycinet, qui se déclare satisfait par une démarche du président du Conseil Egyptien auprès de M. Saint-René-Taillandier, dont la nervosité s'est subitement calmée. L'imprimerie, qui dès le lendemain de sa fermeture recevait l'autorisation de reprendre ses travaux, refuse assez longtemps pour augmenter devant les tribunaux mixtes le montant des dommages-intérêts réclamés au gouvernement local.

M. Girault va faire un voyage en Europe, voyage payé par M. Borrelli ; le *Bosphore* reparait enfin — sans incident le 21 mai, lorsque le représentant de la France réclamait la réouverture de l'imprimerie et la réapparition du journal dans un délai de quarante-huit heures.

Le gouvernement français, qui s'était lancé dans l'affaire un peu à l'aveuglette, faisait preuve de sagesse en s'arrêtant avant que les complications fussent insurmontables.

Après avoir jeté feu et flamme, M. de Freycinet séparait d'abord l'affaire du journal de l'affaire de l'imprimerie — intimement liées l'une à l'autre — puis atermoyait.

Tout rentra dans le calme, et, naturellement, on oublia les utiles enseignements d'un incident ridicule, dans lequel la dignité nationale n'était pas du tout engagée.

Ces enseignements, nous voulons les rappeler à la mémoire de notre ministre des affaires étrangères, puisqu'il a voulu réveiller un incident diplomatique sur lequel le silence s'était fait, par la publication des dépêches échangées par son prédécesseur avec son agent au Caire.

Les conclusions de cet incident sont que :

1° Il faut à l'Egypte une loi régissant à la fois la presse indigène et la presse européenne.

2° La seule loi possible est une adaptation aux besoins du pays — adaptation facile d'ailleurs — de notre loi française de 1881.

3° Tous les délits et crimes étant renvoyés devant le jury, ou il faudra créer en Egypte des tribunaux spéciaux pour les crimes et délits commis par la presse, ou il faudra étendre la compétence des tribunaux mixtes actuellement existant, au criminel et au correctionnel, ou il faudra leur accorder cette compétence étendue dans les cas spéciaux de crimes et délits de presse.

L'extension de la compétence des tribunaux mixtes, en aténuant les pouvoirs abusifs des consulats dans l'intérêt de la justice, n'a rien qui puisse effrayer les Français, sincèrement patriotes, qui recherchent à l'extérieur la grandeur de la France.

Quant à l'élaboration d'une loi sur la presse en Egypte, calquée sur la loi française de 1881, Tigrane-Pacha, envoyé à Paris dans ce but, a échoué après un séjour de plus d'une année, pour n'avoir pas voulu suivre les conseils que lui donnaient les personnes à même de connaître les besoins et les abus du journalisme sur les bords du Nil.

Le gouvernement local ayant avoué son impuissance, il serait digne de notre rôle civilisateur et bienfaisant dans le pays du Khédive, de prendre l'initiative d'une réforme impatiamment attendue.

Espérons que cette idée jaillira dans le cerveau de nos députés à la lecture des pièces officielles qui viennent de leur être distribuées

Ce n'est qu'un espoir, très vague chez nous, nous l'avouons, car nos représentants se refuseront à comprendre, ne connaissant pas suffisamment l'Egypte, que même avec la présence des garnisons anglaises, la réforme judiciaire, sous l'égide de Nubar Pacha, ne sera inféodée à aucune puissance et que toutes les nations seront égales devant la loi.

Il serait certes profitable pour la France d'internationaliser complètement la justice, car, dès lors, la neutralisation du canal de Suez ne serait plus elle-même qu'une affaire d'équité, susceptible d'être résolue pacifiquement.

VII

CONVENTION ANGLO-TURQUE

Une convention au sujet de l'Egypte a été décidée le 15 mai dernier par les gouvernements anglais et ottoman.

Ce document contient sept articles, deux protocoles, un règlement et une contre-lettre.

Article premier. — Les firmans impériaux concernant l'Egypte sont maintenus, sauf les modifications apportées par la présente convention.

Les firmans impériaux établissent surtout l'autonomie que, sous le règne d'Ismaïl Pacha, moyennnant de grosses sommes d'argent, le Khédiviat à conquise. Aujourd'hui, l'Egypte, vit d'une existence spéciale au point de vue administratif, politique et financier ; c'est-à-dire que son vasselage vis-à-vis de la Turquie n'est plus affirmé que par le paiement d'un tribut annuel. D'autres firmans règlent toutes les questions locales et, mainte fois ont été méconnus par l'Europe. Bien plus, quand sir Drummond Wolff ajoute que de nouvelles modification vont être apportées à ces firmans, c'est une cruelle ironie que la Porte a dû sentir, car elle ne peut être aveugle à ce point de ne pas voir lui échapper la dernière bribe d'influence qu'elle conservait encore en Egypte.

Ce premier article est donc insignifiant dans sa teneur, puisqu'il n'est pas une concession faite à la Porte, désireuse peut-être de revenir sur certains engagements pris envers la puissance vassale ; ce n'est pas non plus une garantie donnée au gouvernement Egyptien puisque les modifications aux firmans, dans des cas notés aux articles suivants de la convention, suppriment certaines libertés que le Khédive pouvait considérer comme au-dessus de toute contestation, comme une propriété payée en bel-et bon argent comptant.

Tout l'avantage, comme nous le verrons plus loin, est pour l'Angleterre qui modifie ou annule des firmans dans un sens profitable uniquement à l'influence anglaise.

Nous remarquons de plus que ce premier article est imbu d'une mauvaise foi visible.

Pendant que le commissaire anglais étale sur le papier son respect pour les firmans établissant l'autonomie de l'Egypte, il ne songe pas à la contradiction flagrante qu'il s'inflige à lui-même en réglant les questions concernant le gouvernement égyptien, sans son concours, sans ses pleins pouvoirs, sans se souvenir que, au point de vue politique, administratif et financier, le suzerain a renoncé à tous ces droits dans les traités même que l'envoyé britannique maintient.

Si Sir Dr. Wolff n'est pas autorisé pas le Khédive, il n'avait aucun droit de signer la présente convention qui engage surtout l'Egypte.

Art. 2. — Les territoires composant l'Égypte sont ceux indiqués dans les firmans en vigueur.

Or, le gouvernement britannique se réservant d'en amender quelques uns, pourra — rien ne l'en empêche — couper et tailler dans les autres. Donc, les territoires composant l'Égypte ne lui sont pas plus reconnus que les libertés, chèrement payées. Nous avons vu l'Angleterre s'avancer à pas comptés vers Thasos; le jour où elle s'établira dans cete île, il suffira d'apporter un nouvel amendement au firman concédé à Mohamed-Ali et le tour sera joué. Il faut aussi remarquer que le Soudan forme partie intégrante du Khédiviat et qui, par la force deschoses, le Soudan est détaché aujourd'hui des possessions égyptiennes.

D'après cet article 2, les Anglais assumeraient donc tacitement la tâche de faire rentrer dans le devoir les provinces méridionales de l'Égypte. Ils ont montré que cette tâche est au-dessus de leurs forces, puisqu'ils ont été obligés d'abandonner la campagne sur le Haut-Nil et de rétrograder devant le Mahdi et ses successeurs.

D'ailleurs, ni l'Angleterre, ni la Turquie, ni l'Europe n'ont aucun droit d'aliéner une partie du territoire égyptien ; sir Dr. Wolf le proclame et dans les articles suivants se met en opposition formelle avec cet article 2 de la convention.

En effet, la suite du document porte :

Art. 3. — La neutralisation et le libre passage du canal de Suez, en temps de paix comme en temps de guerre, seront reconnus par toutes les puissances.

Au point de vue français, nous applaudissons à cette mesure, longtemps réclamée par notre gouvernement, quoique des faits récents tendent à prouver que la neutralisation du canal est en pratique absolument illusoire.

Mais au point de vue strictement de l'Égypte, nous sommes bien obligés de reconnaître — et Sir Dr. Wolff le reconnaîtra comme nous — que le canal de Suez, étant une partie du territoire égyptien, l'article 2 défend de l'aliéner à aucune puissance, et neutraliser le Canal c'est l'aliéner à toutes les puissances.

De plus, nous considérerons toujours comme inacceptable cette prétendue neutralisation du Canal tant que l'Angleterre, avec les troupes qu'elle conserve en Égypte, sera à même de retirer demain à l'Europe la concession qu'elle lui fait aujourd'hui.

Pour répondre à un fait que nous avons vu quelquefois se produire, un règlement, concernant le Canal, a été annexé à la convention ; il est ainsi conçu :

Réglement. — *Si* la navigation du canal est obstruée, les puissances qui ont adhéré à la convention auront droit de faire passer à travers le territoire égyptien des troupes pour aller d'une mer à l'autre; mais la puissance, qui serait dans ce cas, ne pourra maintenir plus de mille hommes à la fois sur le sol égyptien, et elle devra, vingt-quatre heures avant, informer du fait le gouverneur du port d'embarquement, par l'entremise de son consul.

Cette phrase un peu longue est en contradiction visible avec l'article suivant :

Art. 4. — Les puissances seront invitées à signer un acte reconnaissant et garantissant l'inviolabilité du territoire égyptien.

Si le Canal est neutralisé, il est inviolable c'est certain, tout comme le territoire égyptien.

S'il est inviolable, nulle puissance ne peut, sans un consentement préalable du gouvernement du Khédive, débarquer des troupes et leur faire traverser une partie de ce territoire neutre.

En conséquence, l'Angleterre pour se conformer entièrement à la lettre et à l'esprit de la nouvelle convention ne devait pas maintenir plus de mille hommes à la fois sur le sol égyptien, avec l'assentiment du gouvernement égyptien et... les garnisons anglaises en Égypte sont actuellement de neuf à dix mille hommes au moins.

Ensuite, s'il plaisait au khédive d'appeler à son aide pour débarrasser la vallée du Nil du joug anglais, telle ou telle autre puissance, de quel droit l'Angleterre s'opposerait-elle à la réalisation de ce plan ? Ce territoire inviolable pour les autres nations ne le sera pas pour elle-même, nous le savons parce que l'article 5 le dit de façon très explicite ; mais d'après le code régissant les puissances, un territoire étranger n'est pas violé dès qu'il y a consentement du gouvernement neutre au passage ou au séjour d'armées appartenant à d'autres gouvernements.

Sir H. Drummond Wolf n'est pas très ferré sur la logique.

Art. 5. — Les troupes anglaises quitteront l'Égypte dans trois ans. Si, à l'expiration du délai d'occupation, il existe un danger intérieur ou extérieur, le séjour des Anglais se prolongera jusqu'à la disparition de ce danger. Si, après l'évacuation, il était nécessaire d'envoyer des troupes, les deux gouvernements s'entendront pour en envoyer ; ils se notifieront mutuellement les raisons nécessitant l'intervention.

Si la Turquie ne pouvait envoyer des troupes, elle enverrait un haut commissaire qui restera auprés du commandant anglais jusqu'au départ des troupes anglaises.

Cet article est encore une contradiction à des articles précédents.

Maintenir des troupes en Égypte, c'est méconnaître l'inviolabilité du territoire égyptien.

S'immiscier dans l'administration intérieure et extérieure du pays, c'est d'un seul coup supprimer tous les firmans reconnaissant à l'Égypte une certaine autonomie.

Se réserver le droit d'envoyer des troupes anglaises dans le Khédiviat, avec le concours ou des troupes turques ou d'un haut commissaire ottoman, c'est à la fois contraire aux articles 1 et 4. C'est contraire aussi à l'article 3 internationalisant le Canal.

Enfin, un danger intérieur, c'est-à-dire Arabi ou le Mahdi,

est toujours facile à susciter, et l'Angleterre serait bien sotte de reculer devant ce moyen pour prolonger indéfiniment son protectorat sur le Nil, ou de l'y rétablir, après un semblant d'absence, dés qu'elle le jugera opportun, puisque seule, elle reste juge de la nécessité d'envoyer des troupes dans le Khédiviat.

Une contre-lettre explique d'ailleurs, à la suite du document diplomatique que :

Si à l'expiration du délai d'occupation, une puissance méterranéenne a refusé d'adhérer à la convention, ce refus sera considéré comme un danger extérieur prévu à l'article 5 de convention.

Il était, croyons-nous, impossible de trouver un biais plus commode pour ne pas tenir plus que les promesses précédemment faites, la promesse, signée aujourd'hui par l'Angleterre, d'évacuer l'Egypte dans un délai déterminé.

L'article 6 disait en outre :

Après la ratification de la convention, les grandes puissances seront invitées à y donner leur adhésion, et ensuite on en donnera connaissance aux autres gouvernements qui ont des arrangements avec l'Égypte.

Ce serait contraindre l'Europe en général, et la France en particulier, à renoncer aux intérêts sacrés qu'elles ont dans la vallée du Nil.

Ce serait nous obliger à reconnaître diplomatiquement le protectorat anglais en Egypte, et nous engager à abandonner pour toujours nos justes revendications et l'espoir de reconquérir une influence noblement acquise par près d'un siècle de travail et de sacrifices.

Étant donné cet article, la contre lettre est une simple menace à notre adresse, et ce serait une indignité de la part du gouvernement français de signer ainsi sa déchéance, devant une telle pression.

Art. 7. — Les ratifications seront échangées à Constantinople dans le délai d'un mois.

C'est à dire que, sans doute, une conférence nouvelle va se réunir, à laquelle le gouvernement britannique compte nous obliger d'assister et de nous soumettre.

Nous espérons que la France ne demandera pas conseil aux grandes puissances pour savoir quel rôle lui sied dans cette occurence; nous espérons également que notre gouvernement ne se laissera pas intimider par les ennemis du Nord et de l'Est et qu'avec fermeté, il fera ressortir la mauvaise foi flagrante du document que nous venons d'analyser.

Deux protocoles y sont annexés, avant le règlement et la contre lettre que nous avons cités.

Premier protocole. — Il sera fait des propositions aux puissances adhérant à la convention, pour régler les questions relatives aux douanes, à la Daïra-Sanieh, à la presse, aux tribunaux, aux quarantaines.

Il ressort de ce protocole que notre refus d'adhérer à la convention entraînera notre élimination des affaires Égyptiennes. On n'aura plus à nous consulter et nos protestations seront vaines. Le peu d'influence que nous conservons encore dans le pays des Pharaons et des Khédives nous sera purement et simplement enlevé.

Toutes les questions intérieures seront réglées sans nous et malgré nous.

Quelques-unes de ces questions avaient été oubliées ; un second protocole répare cet oubli et porte :

Second protocole. — Il sera fait des propositions aux puissances adhérant à la convention pour le règlement des finances et des chemins de fer.

Les puissances seront invitées à déclarer que le tribut payable annuellement par l'Égypte au Sultan, dont le montant est de sept cent cinquante mille livres, constituera la première charge sur le trésor égyptien.

Le dernier paragraphe est destiné à rassurer ce pauvre Sultan, qui vient de renoncer à ses dernières prérogatives, au profit de l'Angleterre.

En résumé, la convention anglo-turque a été spécialement rédigée contre la France. Elle tend surtout à biffer d'un trait les quelques droits que nous gardions depuis le bombardement d'Alexandrie.

Le document est d'autant plus perfide qu'aux yeux de l'Europe, l'Angleterre nous donne un semblant de satisfaction en fixant la durée de l'occupation britannique — avec quelques restrictions.

Vis à vis des autres puissances nous sommes condamnés à passer ou pour une nation manquant absolument de dignité, si nous signons nous mêmes notre élimination de la vallée du Nil, ou pour un peuple cantonné uniquement dans une politique d'obstruction, si nous réclamons contre les manœuvres funestes à notre influence, de la Porte et de lord Salisbury.

C'est grâce à la nouvelle convention qu'Albion espère nous arracher notre contrôle sur la Daïrah-Sanieh les douanes, les finances, les chemins de fer, les quarantaines.

Tous ces services deviendraient anglais comme l'armée, la presse, la justice et notre dignité nationale nous interdit un tel renoncement à notre politique traditionnelle.

Il eût été plus simple, pour l'Angleterre, de s'établir à tout jamais dans la vallée du Nil, en oubliant toutes les promesses faites par M. Gladstone, en supprimant d'un coup les capitulations et les derniers vestiges de l'internationalité qui a fait de l'Egypte le trait d'union entre toutes les nations et la cause de désunion entre toutes les puissances. Quant à l'Egypte elle-même, et la Turquie, rien n'était plus facile que de n'en pas tenir compte.

Ce système, aurait eu sur tous les autres et sur la convention actuelle l'immense avantage de la simplicité et de la sincérité; lord Salisbury n'eût pas hésité à s'y décider si.... l'Europe n'était pas là pour le tenir en respect et, au besoin le rappeler à la stricte observation des traités formels et des engagements solennels.

Le document est donc uniquement destiné à jeter de la poudre aux yeux des nations intéressées dans la question égyptienne, une de ces poudres rouges et impalpables comme celle que le *Khamsin* soulève dans le désert, et qui se glisse subrepticement dans les endroits les mieux clos. La convention n'est qu'une façon déloyale de justifier par un document diplomatique non le retrait des troupes anglaises, mais le retrait de certaines concessions faites aux puissances occidentales par les pays du Levant.

Il est impossible de douter que le gouvernement anglais regrette profondément de n'avoir plus à son service un homme taillé sur le patron de lord Granville, pour confisquer sans hésitations les seules armes qui nous restent encore contre les partisans d'un système de spolation que l'Angleterre a su perfectionner à nos dépens, aux dépens de tous les autres intéressés.

Le Sultan n'ayant aucun avantage visible dans l'arrangement amiable qu'il signe avec Sir H. Drummond Wolff, il ressort de sa résignation qu'il est plus que jamais accessible aux conseils de son favori, l'anglais Saïd-Pacha, élève de Woolwich et absolument anglicanisé.

Abdul Hamid II subordonne ses intérêts de souverain à ses intérêts de vassal. Il abdique en Egypte, pour se fortifier en Europe par l'appui de l'Angleterre.

Il joue là un jeu de dupes.

Quant aux puissances ayant des intérêts directs politiques, financiers ou autres, en Egypte, sir H. Drummond Wolff a cru leur faire le *summum* des concessions possibles en proclamant la neutralisation du Canal de Suez — neutralisation sujette d'ailleurs à plusieurs amendements inacceptables.

Nous ne savons si les autres nations se laisseront abuser, mais nous espérons que la France se refusera à tomber dans le panneau.

Il est visible que la prétendue neutralisation du Canal est uniquement destinée à nous dorer une pilule amère. Elle a pour but de nous faire ratifier l'occupation permanente de l'Egypte par l'Angleterre, sous une forme ou sous une autre.

Sans le canal et sa libre disposition pour eux, les Anglais n'ont plus dans le Khédiviat cet intérêt primordial de s'assurer une route vers les Indes. Et cette route, on sait que l'Angleterre n'est pas disposée à en céder la clef à une des puissances continentales. L'offrir à toutes, c'est y renoncer. Lord Salisbury n'a pas, que nous sachions, l'intention d'exposer une facile conquête aux tentations de quelque ennemi.

On est donc obligé de croire que jamais les ministres de la Grande-Bretagne ne retireront bénévolement les troupes qui leur assurent la possession, en temps de guerre, du passage qui commande la Méditerranée et la mer Rouge.

Dans cette situation, la convention, on le voit, n'est avantageuse que pour l'Angleterre, qui se trouve réduite, pour s'excuser à nos yeux, à renouveler la petite comédie qui vient de lui permettre d'annexer à la colonie du Natal le reste du Zoulouland.

Elle a fait déclarer par ses journaux que les populations de la vallée du Nil protesteraient, si les troupes d'occupation se décidaient à évacuer, si le gouvernement britannique respectait les droits de la France sur le sol des Pharaons et des Khédives.

Ce sont là des moyens que l'Europe sait apprécier. Le joug anglais est si doux que l'on voit d'ici les fellahs suppliant leurs conquérants à *courbachs* de ne pas les abandonner à leur malheureux sort, qui les assimilerait aux peuples civilisés, et de parias les ferait hommes.

Pour expliquer cette ferveur si nouvelle, trop nécessaire à la *British Agency* pour être bien vraie, il eût fallu que sir H. Drummond Wolff nous montrât ce qu'il décidait en faveur des Egyptiens.

De ces avantages, il n'est pas fait mention dans la convention.

Un protocole mentionne en passant la possibilité d'une réforme judiciaire complète, ce qui plaira, sans doute, à Nubar-Pacha, mais quand il sera certain, quand il aura des garanties que l'Angleterre tiendra sa promesse.

Quant aux *fellahins*, leur justice patriarcale leur suffit. Ils ne s'intéressent que médiocrement à la justice internationale. Cette justice serait l'égalité pour les Européens établis en Egypte devant un code unique, et, par conséquent, la négation de la suprématie que s'attribuent les Anglais.

Sir H. Drummond Wolff connaît sans doute les conséquences néfastes qu'aurait pour ses compatriotes l'extension de la compétence des tribunaux mixtes. Nous pouvons donc considérer la mention qu'il fait de cette réforme comme le pendant de la neutralisation du canal dans les conditions où il nous l'offre.

Du reste l'Egypte ne peut se faire illusion sur les bénéfices d'une occupation anglaise; par le passé, on peut juger de l'avenir.

Or, à aucun point de vue, le séjour des troupes et des

fonctionnaires britanniques sur le Nil n'a pas été profitable au pays.

Je me permettrai de laisser sur ce sujet la parole à un homme, dont la biographie est toute l'histoire de l'Egypte depuis la mort de Mohammed Ali.

« Le plus grand bien, disait Nubar-Pacha à lord Beresford, dans un déjeuner intime, que votre Lordship peut faire au pays, c'est de le débarrasser de vos compatriotes; de tous, sauf deux, qui me sont utiles, connaissent le pays et comprennent ses besoins.

Cette conversation avait lieu en 1885 et nous ne désignerons pas plus distinctement les deux employés en faveur desquels le Président du conseil égyptien faisait cette flatteuse exception. Il ajouta du reste immédiatement :

« L'Égypte, d'ailleurs, ne continuera pas longtemps à payer d'énormes appointements à vos fonctionnaires. La banqueroute approche et le jour où l'argent me manquera, je confierai la clé des ministères aux *boabs* et vous laisserai vous débrouiller. Il n'y a qu'un remède au mal. Accordez à l'Égypte un crédit de quelques millions, supprimez tous vos favoris, réduisez à 3 o/o l'intérêt aux bondholders, donnez-moi de l'eau pour arroser les terres, dégrevez la petite agriculture.

« Les dégrèvements, voilà surtout ce qui nous est nécessaire. Tout autre culture est abandonnée pour le coton, et, en semant coton sur coton, même dans les bonnes années, le petit agriculteur, sauf dans quelques terres privilégiées, ne retire pas de quoi contenter le fisc et les créanciers européens.

« Notre renom de fertilité ne sert qu'à doubler ou tripler les exigences de l'Europe. Et les chiffres, une fois alignés, il faut que les résultats leur donnent raison. On pressure donc l'éponge plus qu'elle ne peut être pressurée.

« Ce système qui ruine le paysan, ruine l'agriculture, ruine l'Égypte, finit nécessairement par compromettre les intérêts financiers que tous vos commissaires sont censés sauvegarder. Le jour où nous ne pourrons pas payer, et je fais des vœux pour que ce soit en septembre prochain, l'Europe s'apercevra, mais un peu tard, du mauvais côté du système pratiqué actuellement par ces messieurs de la caisse de la Dette.

« Comment voulez-vous, continuait Nubar, que le fellah paie ses taxes, puisque moi je ne le peux pas. J'avais dernièrement 3,000 feddans de terre dans le Saïd. Tous les ans, ces terres, au lieu de me rapporter, me coûtaient. Je les ai rendues aux domaines, qui les abandonnerait pour dix piastres à quiconque voudrait s'engager à payer régulièrement le fisc. Le résultat le plus visible c'est que ces 3,000 feddans ne rapporteront de longtemps rien au Trésor, parce que celui-ci a exigé plus qu'il n'était possible. Qui trop embrasse mal étreint....

« Voilà pour l'agriculteur. Le commerçant est aussi mal partagé grâce à toutes les entraves apportées par l'administration européenne. Pour elle, la question d'Égypte n'est qu'une question d'argent. C'est l'Europe qui tient les chemins de fer, les douanes et surveille les octrois et il faut que ces services rendent au Trésor le plus possible et même l'impossible. Les administrateurs se font mutuellement des niches, touchent leurs appointements ; aucune amélioration n'est réalisée et le commerce du pays agonise. Les Européens se partagent les places, se font des économies en se payant leurs querelles ou leurs non-valeurs au poids de l'or, quand l'Égypte ne peut faire face à ses engagements et emploierait plus utilement son argent à payer ses dettes. C'est plus nécessaire que d'engraisser les représentants de nos créanciers.

« Faites donc quelque chose pour nous. Entreprenez les grands travaux d'irrigation nécessaires dès que vous aurez dégrevé les terres.

« Mais commencez de suite par garantir pour dix années, à 3 0/0 l'intérêt de notre Dette. Plus tard nous pourrons peut-être payer ce que l'Europe exige : nous ne le pouvons pas aujourd'hui.

« Vous avez un gage, c'est le pays : augmentez la valeur de ce gage. Pendant le laps de temps déterminé pour lequel vous nous servirez de garantie, vous serez ici chez vous, mais qu'au moins votre présence me serve à quelque chose. Colonisez ; ce n'est pas intelligent d'épuiser le pays protégé jusqu'à ce qu'il en meurt et de lui imposer de nouvelles charges quand les charges anciennes sont déjà trop lourdes.

« Vous êtes ici comme l'eunuque dans les harems,

Qui ne fait rien et nuit à qui veut faire. »

Ces paroles étaient la condamnation de l'Angleterre par l'homme que l'on représente en France comme gallophobe et anglophile à l'excès.

Ces paroles sont en même temps la condamnation de la convention signée par la Porte et rédigée par sir H. Drummond Wolff.

Au surplus, l'Europe presque toute entière a compris que cet arrangement est inacceptable pour nous, inacceptable pour d'autres puissances encore.

Dès que les termes en ont été connus, les protestations ont éclaté de toutes parts.

Le *Nord*, ce journal accrédité de la Chancellerie russe disait dans une de ses correspondances de Saint-Pétersbourg :

« L'opinion publique russe a été désagréablement impressionnée par la conclusion de la convention égyptienne entre cette puissance et la Porte. Nos journaux ont vivement protesté contre le préjudice qu'elle occasionne aux droits et intérêts internationaux et la plupart d'entre eux ne se sont pas gênés pour mettre en doute l'authenticité du complot qu'on vient prétendument de découvrir à Constantinople, complot qui ne serait, à leur avis, qu'un fait imaginaire, ayant pour but d'exercer sur le sultan une impression favorable aux calculs britanniques. »

La *Gazette-Russe* était plus explicite encore :

« La Russie, écrivait-elle, ne peut accepter cet arrangement qui nuit à ses intérêts ; son droit de protestation est parfaitement fondé, attendu qu'elle est une des puissances qui garantissent l'emprunt égyptien.

« Il faut rappeler à la Turquie que, si elle n'est pas en position de repousser les exigences de l'Angleterre, la Russie sera obligée de s'indemniser elle-même des concessions accordées à Londres.

« Il fut un temps où des hommes politiques d'un grand poids suggérèrent la possibilité d'une cession de la Bulgarie à la Russie, dans le cas où nous consentirions à ce que l'Egypte fût livrée aux anglais. Les circonstances sont changées. La Turquie, cependant, qui n'a pas voulu se résoudre à laisser aux Russes le soin de surveiller l'accès de la mer Noire, n'a pas le droit de placer le canal de Suez sous la protection de l'Angleterre et de faire de l'Égypte un boulevard de la domination anglaise dans cet Orient, qui est si près de nous. »

Et le *Times* était bien obligé de constater dans une de ses dépêches de Constantinople, quinze jours après la proposition de convention que :

« Des bruits inquiétants sont en circulation. On émet des doutes sur la ratification de la convention égyptienne. Le sultan aurait reçu des avis insinuant que les négociations n'ont pas été conduites d'une façon absolument loyale.

« Des ordres seraient, en conséquence, donnés à la Porte, lui prescrivant d'exiger l'insertion dans la convention d'une clause additionnelle relative aux conditions de la réoccupation de l'Egypte par les troupes anglaises. Il est impossible de vérifier dans quelle mesure ces bruits sont exacts ; néanmoins, ils sont en quelque sorte confirmés par le fait qu'avant-hier sir H. Dr. Wolfl a été invité subitement à venir conférer avec le grand vizir. Ce dernier venait précisément d'avoir une longue entrevue avec l'ambassadeur de France, et, de son côté, l'ambassadeur de Russie avait manifesté son mécontentement au sujet de la convention.

« Ce n'est un secret pour personne, ajoute le correspondant, que des remontrances, formulées en termes énergiques, ont été faites par la Russie, et que des explications ont été demandées par l'ambassadeur de France. Toutefois, cette demande n'a pas revêtu le caractère officiel, et elle a été faite verbalement. »

Au moins les Anglais doivent être satisfaits ?

Nullement.

Ils pensent, avec assez de raison que leur gouvernement a eu tort de limiter la durée de l'occupation, quand rien ne le contraignait à cette concession,

Il leur reste, pour les consoler, la possibilité de susciter des troubles intérieurs ou extérieurs, qui leur permettront de demeurer éternellement sur le Nil et le canal,

Le *Times* nous a déjà averti que l'Angleterre était décidée à se servir de la faculté qu'elle se concède ; de plus, on compte sur la répugnance que nous aurons à signer notre abdication et nous faisons des vœux pour que cette prévision se justifie.

Alors?

La nouvelle convention prouve tout simplement que lord Salisbury poursuit en Egypte la politique de M. Gladstone : s'éterniser sur le Nil pour s'y faire oublier par l'Europe.

La France ne les oubliera pas, car il faudrait qu'elle oubliât en même temps le rôle bienfaisant qu'elle a toujours eu en Egypte et les intérêts les plus indiscutables de ses nationaux.

Ratifier la convention serait pour nous une abdication de tous nos droits.

VIII

CONCLUSIONS

L'Œuvre de l'Angleterre. — Le rôle de la France.

L'œuvre de l'Angleterre, dans la vallée du Nil, n'a produit aucun des résultats que l'Europe était en droit d'espérer.

Venus pour rétablir l'ordre dans l'armée, les Anglais se sont montrés incapables de réprimer la révolte du Soudan, ils ont été obligés de remplacer la frontière méridionale traditionnelle de l'Égypte par une prétendue frontière scientifique, qui diminue considérablement les possessions du Khédiviat.

L'ingérance de l'Angleterre a donc été néfaste à l'Égypte au point de vue militaire, les successeurs du Mahdi n'ayant jamais fait leur soumission.

Au point de vue financier, le gouvernement Britannique a fait preuve de la même impuissance.

Nous en trouvons un témoignage irrécusable dans le compte-rendu des travaux de la Commission de la Dette publique d'Égypte pendant l'année 1886, où nous nous contentons de relever les deux notes suivantes :

« Malgré plusieurs demandes de rappel, la somme de

£ 34,440, due par le Commissariat anglais pour les introductions faites par lui en franchise provisoire jusqu'au 31 octobre 1884, n'a pas encore été réglée.

« Le gouvernement Britannique n'a encore rien payé pour les transmitions télégraphiques opérées directement par les autorités militaires Anglaises, pendant que les lignes de la Haute-Égypte étaient entre leurs mains. Il avait d'abord dénié toute obligation en ce qui concerne le remboursement du prix des télégrammes de service de l'armée. Depuis, il est revenu sur ce refus et a consenti à payer une partie de leur coût. La question est sur le point d'être réglée. » Nous ajouterons que, pour les Télégraphes, les dépenses dépassent de £ 3,295, les recettes brutes, qui sont inférieures de £ 8,146 à celles de 1885, lesquelles étaient en diminution de plus de £ 12,308 sur celles de 1884.

Pour les Chemins de fer, les recettes brutes présentent sur celles de 1885 une diminution de 109,686 livres Égyptiennes. Cette diminution, d'après les indications de l'Administration porte pour les deux tiers sur les marchandises et pour un tiers sur les voyageurs.

Comparés aux versements de 1885, les versements affectés à la dette privilégiée effectués en 1886 par les Chemins de fer, les Télégraphes et le Port d'Alexandrie présentent une diminution de £ 70,000.

Les sommes recouvrées en 1886 et applicables à la Dette Unifiée présentent sur celles, recouvrées en 1885, une infériorité de Liv. Égypt. 16,500.36.

En cette occasion les chiffres ont plus d'éloquence que les récriminations auxquelles nous pourrions nous livrer contre l'Angleterre. La conclusion en est que le gouvernement Britannique s'est montré pour l'Égypte aussi néfaste au point de vue financier qu'au point de vue militaire.

Au point de vue civilisateur et humanitaire, même résultat négatif.

La corvée n'a été abolie que partiellement et à la suite de tiraillements que la mauvaise foi d'Albion risquait d'éterniser.

En effet, dès que Nubar-Pacha prit l'initiative de la suppression partielle de la corvée, la *British Agency* au Caire, communiqua à un journal anglais la note suivante :

« Voici un exemple frappant de l'opposition que rencontrent de la part des agents français toutes les réformes que nous tentons en Egypte. L'abolition de la corvée passait si généralement pour être nécessaire au bien-être du pays, que la Caisse de la Dette elle-même avait promulgué un décret autorisant le prélèvement des fonds suffisants pour diminuer autant que possible les corvées. Le décret fut envoyé, le 14 juillet dernier, au gouvernement français pour être approuvé. Aucune réponse n'a encore été donnée. De sorte que cette année, le travail par corvée sera obligatoire de nouveau. Ce n'est un secret pour personne que le gouvernement français n'a aucune objection à faire contre cette mesure, mais qu'il emploie ces moyens pour forcer le gouvernement égyptien à nommer un Français comme procureur général, en remplacement d'un autre Français qui n'occupe ce poste qu'accidentellement et se trouve dans l'obligation de l'abandonner pour cause de maladie. Ce poste était occupé antérieurement par un Belge, et la France n'a même pas un semblant de droit pour s'en emparer. Quant à l'inadmissibilité de faire cette concession, pour la prouver il suffira de dire que les Français considèrent ouvertement comme un avantage politique cette direction du pouvoir judiciaire et que le titulaire actuel reconnaît franchement que le refus de nommer un compatriote comme son successeur le rendra hostile au gouvernement aussi longtemps qu'il occupera la place. Il y a des raisons de croire que la conduite du gouvernement français dans cette affaire, excite le dégoût de la partie honorable de la colonie française — peu nombreuse malheureusement. »

Nous ne voulons pas répondre aux phrases injurieuses du journal anglais ; il nous suffira de prendre et d'examiner ses allégations l'une après l'autre pour en faire ressortir toute la mauvaise foi.

Les Anglais en Egypte n'ont pas plus aboli la corvée que l'esclavage. Leur manière d'opérer revêt tous les caractères de l'humanité, alors qu'ils ont au contraire encouragé la traite des noirs dans le Soudan et le Kordofan. Sous prétexte qu'en traquant les marchands de chair humaine, ils les obligeaient à de longs détours dans le désert et augmentaient ainsi le chiffre de la mortalité parmi les caravanes, gagnant l'Abyssinie et la mer Rouge, Gordon — le Mahdi des Anglais — s'était entendu avec Zobeïr pour lui laisser continuer librement son commerce.

Le pacha britannique comptait même toucher la récompense de cette concession, révoltante à la fin du dix-neuvième siècle. Il espérait que le marchand d'esclaves l'aiderait à pacifier le Soudan pour donner une plus grande extension à son industrie. Zobeïr refusa de s'allier avec l'homme qui, froidement, cruellement, avec fait assassiner son fils, et Gordon, avant de se laisser enfermer dans Khartoum s'est chargé de nous révéler ces tripotages révoltants, dans ses lettres à sa sœur.

Voilà une autorité, mettant à nu le prétendu rôle civilisateur de la conquête anglaise. Les anglais ne donneront certainement pas un démenti à leur martyr, béatifié par la reine Victoria.

Quant aux corvées, on peut voir, tous les matins à l'aurore, des hommes enchaînés deux par deux, trois par trois, passer dans les rues d'Alexandrie.

Des chaînes au cou, à la taille, aux pieds, ils vont à Raz-el-Tin, où les Anglais ont installé leur caserne, et, ces malheureux forçats, à coups de *Nabout* ou de cravaches, passent leur journée, sous un soleil torride, à planter des petits jardins pour les officiers de Sa Majesté Britannique.

Au moins, quand M. de Lesseps creusait le canal par corvées — qu'il n'a jamais exigées du gouvernement — y avait-il pour justifier le moyen, cette œuvre internationale que lord Palmerston n'a jamais comprise.

Actuellement, des troupeaux d'hommes sont envoyés sur la mer Rouge, aux mines de pétrole de Gemsah et de Gebel-Zeït, pour enrichir deux Anglais, auxquels les agents britannique sont fait donner la concession d'une exploitation lucrative, commencée par un Belge, privé tout à coup de ses droits pour le plus grand profit des industriels de la pratique Albion.

M. Scott Moncrieff, le sous-secrétaire d'État Anglais du ministère des travaux publics au Caire, n'osera pas nous contredire.

Les protestations de nos agents diplomatiques sur le Nil, sont fort peu écoutées par l'armée d'occupation ; donc si l'agence britannique divulgait cette nouvelle affaire, c'était pour essayer de nous mettre au ban de l'Europe, essayer de faire ratifier une mesure vexatoire pour tous.

Le prétendu décret de la caisse de la dette n'est au fond qu'une sorte de monopole des corvées, accordé au gouvernement anglais, monopole dont l'Europe fait les frais.

L'Angleterre nous prêtait des sous-entendus intéressés ;

il est aussi facile de les réduire à néant qu'il serait impossible de faire croire au désintéressement de la Grande-Bretagne dans la question d'Égypte.

Elle prouve, par la Convention inacceptable à laquelle elle nous propose d'adhérer, qu'elle n'a jamais eu d'autre but — sous prétexte de civilisation et d'ordre — que de remplacer l'arbitraire du khédive par l'arbitraire des consuls Britanniques.

Dans la seule réforme humanitaire qui ait été tentée durant son occupation armée de l'Égypte, il fallut que Nubar-Pacha intervint.

Indigné des retards apportés à la solution d'une mesure philanthropique réclamée par le Fellah, le président du conseil des ministres égyptiens adressa à ses collègues la lettre suivante :

« Monsieur le ministre et cher collègue,

« Le gouvernement égyptien, dans le but de donner un essor aux aspirations du pays vers le progrès, avait soumis aux puissances signataires de la convention de Londres un projet de décret, aux termes duquel le gouvernement égyptien serait autorisé à excéder le chiffre de 5,232,000 livres ég., arrêté pour le budget de ses dépenses d'administration, par une somme de 250,000 liv. ég., qui devait permettre l'abolition de la corvée.

« Toutes les puissances n'ayant pas donné leur adhésion à la promulgation du décret, et, d'autre part, le gouvernement égyptien ne voulant pas revenir sur une décision d'où il résulte un grand bien pour le pays, l'abolition partielle de la corvée a été maintenue.

« Mais, par suite, la nécessité s'impose pour le gouvernement de prélever l'excédent de la dépense de 250,000 liv.

ég., qui en résultera sur le chiffre du crédit sus-indiqué.

« Dans cette situation, le gouvernement, faisant appel aux sentiments de devoir de tous les chefs d'administrations, les invite à concourir, dans la limite de leurs pouvoirs respectifs, à la réalisation d'économie notables sur le montant de leurs crédits budgétaires.

« A cet effet, le Conseil des ministres a décidé, dans sa séance de lundi 21 février (28 Giamad-Awel 1304) que jusqu'à nouvel ordre aucune dépense ne sera faite si elle n'est reconnue indispensable, ni aucune vacance ne sera remplie, sauf dans le cas de nécessité absolue et après décision du Conseil.

« Veuillez, Monsieur le ministre et cher collègue, donner à cette décision la suite voulue en ce qui concerne votre département et les services qui en relèvent, et agréez l'assurance de ma haute considération.

« Signé :

« *Le président du Conseil des ministres*,

« N. NUBAR. »

Seule, cette intervention permit de supprimer partiellement les corvées que l'Angleterre par ses exigences rendait éternelle.

Dans l'état de la lutte entre nos représentants financiers à la Caisse de la Dette et la *British Agency*, nous ne pouvons que féliciter Nubar Pacha d'avoir tourné la difficulté en imposant aux différents ministères les économies les plus strictes.

Le Président du Conseil a attaché son nom à la réforme judiciaire en Egypte, qui était un grand pas vers l'égalité devant la loi réclamée par toutes les races et toutes les nationalités sur les bords du Nil.

L'homme d'Etat a tenu à achever son œuvre humanitaire, en abolissant la corvée. Nous ne pouvons que l'applaudir.

Les conséquences de la résolution prise par Nubar Pacha sont visibles. Toutes les nationalités étrangères vont protester contre lui sous prétexte qu'elles seront visées ou lésées dans chaque suppression d'emploi inutile.

Libre à l'employé européen qui émarge grassement au budget de l'Egypte ruinée, pour ne rendre aucun service au pays, de regretter les années de *Kief* et d'appointements gigantesques. Nous ne saurions nous joindre à son ressentiment ni à ses regrets, car la légère vexation qui s'en suivra pour le fonctionnaire dépossédé ne nous semble pas un mal équivalant au bien qui doit résulter pour l'Egypte de ce pas suprême vers le progrès et la civilisation occidentale.

L'Angleterre, cela ressort clairement des courtes études qui précèdent, n'a pas apporté la moindre amélioration à l'état de l'Egypte.

Elle a laissé subsister les troubles dans le Soudan.

Elle a augmenté le désordre dans les finances.

Elle a conservé pendantes toutes les questions qui lui étaient soumises.

Elle n'a rien fait pour l'armée, ni pour le fellah, ni pour les colonies étrangères.

Elle n'a pas su achever la réforme judiciaire commencée par la France ; elle n'a pas su réglementer la presse par une loi libérale répondant aux besoins du pays ; elle n'a pas su éliminer des administations ses employés inutiles et onéreux ; elle n'a pas su même élaborer et proposer à l'Europe un *modus vivendi* quelconque.

Elle n'a eu qu'une pensée : s'établir à tout jamais dans la vallée du Nil.

En un mot, l'œuvre du gouvernement britannique en Egypte a été néfaste à tous, néfaste aux Anglais eux-mêmes puisque plus le protectorat armé se prolonge, plus les puissances intéressées comprennent qu'il devient nécessaire de demander des comptes au Cabinet de Saint-James.

Et dans ces comptes, lord Salisbury, après M. Gladstone, sera contraint et forcé d'écrire dans la colonne de l'actif, ce simple mot :

Néant.

Tout autre a été notre rôle dans le pays des khédives et notre déchéance actuelle doit nous rendre plus cher le souvenir de notre suprématie d'autrefois.

En histoire, les mêmes causes produisent généralement les mêmes effets. C'est donc en nous appliquant à faire renaître les causes de notre traditionnelle influence dans la vallée du Nil que nous reprendrons notre prestige d'antan.

Or, la cause primordiale de notre succès passé c'est que — au contraire de l'Angleterre aujourd'hui — nous avons toujours, en Egypte, compté sur le pouvoir local que nous aidions pour faire fructifier en même temps le travail et les capitaux de nos compatriotes.

Il faut au plus vite revenir à cette politique habile, puisqu'elle était avantageuse pour nous, et, comme il nous est interdit de penser à l'alliance d'une puissance européenne quelconque, pour soutenir nos justes revendications dans la vallée du Nil, cherchons un appui dans le gouvernement Khédivial lui-même.

Grâce à la présence aux affaires de Nubar-Pacha, si nous ne pouvons pas espérer de voir soutenir les intérêts de la France seule au détriment des intérêts de toutes les autres puissances, nous sommes, par contre, absolument sûrs que le Président du Conseil des Ministres sera demain aussi gallophile qu'il semble anglophile aujourd'hui, si nous lui démontrons clairement, par des concessions peu coûteuses, que les intérêts de l'Égypte sont intimement liés aux intérêts français.

La démonstration est facile à faire.

On peut dire que depuis Mohammed-Ali jusqu'au bombardement d'Alexandrie, notre rôle en Egypte a été éminemment civilisateur et bienfaisant.

Nos nationaux par leurs capitaux et leur travail ont donné au pays la richesse agricole ; ils ont activé l'essor industriel d'Alexandrie, du Caire et des grands centres ; ils ont créé l'armée et la marine, ils ont protégé le fellah pour l'amener peu à peu à la connaissance de ses droits et de ses devoirs.

Ils ont tout organisé, grâce à l'appui du Pacha régénérateur, grâce aussi à une suite d'agents diplomatiques, dont le moule semble brisé, depuis le rappel du baron de Ring par M. Barthélemy-Saint-Hilaire.

C'est que ces diplomates apprenaient à connaître le pays où ils représentaient la France ; avant de songer à faire uniquement de la politique, ils établissaient l'influence française et demandaient aux bienfaits répandus sur les rives du Nil cette prépondérance, que la conquête de Napoléon Ier n'avait réussi qu'à faciliter.

Nos agents propageaient et encourageaient la colonisation libre, qui était toute à l'avantage du pays et qui pourtant était également profitable à nos compatriotes. Ceux-ci tenaient entre leurs mains le commerce, l'industrie, l'agriculture, les finances, l'administration presque tout entière, sans avoir eu recours aux armes pour solidement créer ce protectorat de justice, de civilisation et de travail.

A cette époque, nos consuls généraux n'étaient pas encore affectés de cette maladie particulière aux Européens dans les pays orientaux : la manie de vaine ostentation et la turbulence puérile.

Ce n'est pas parce que deux Saïs courent, manches et pantalon au vent, devant la voiture de notre représentant que la République française, aux sentiments démocratiques, est plus respectée par le barbarin ou le fellah.

Ce n'est pas en mettant perpétuellement des bâtons dans les roues, quitte à être blessés par les éclats, si les bâtons cassent, que nos apprentis diplomates rétabliront notre suprématie dans un pays en proie à des compétitions multiples.

Ce n'est pas en se cantonnant dans des protestations stériles contre les faits acquis, qu'ils maintiendront haut et ferme le drapeau de la France.

Ce n'est pas par cette politique de laisser-faire, de désintéressement, d'indifférence, que nous reconquerrons le terrain perdu par la faute des jeunes ou des vieux consuls que nous envoyons à l'école sur les bords du Nil.

Notre commissaire de la Dette a donc assez rédigé de platoniques protestations, le comte d'Aunay, à qui M. Barrère a laissé une position absolument compromise, s'est assez attardé dans de futiles récriminations,

Notre politique a été en Égypte passive depuis le bombardement d'Alexandrie ; les résultats sont désastreux ; il faut en revenir à une politique d'action.

Demain, il sera peut-être trop tard. Reprenons énergiquement les traditions du passé, rejouons le rôle que nous tenions avant les dernières années du règne d'Ismaïl.

Nous ne faisions pas sur les bords du Nil simplement de l'obstruction, nous y propagions toutes les idées progressives.

Reprenons la tradition qui consistait à identifier nos intérêts à ceux du pays. Ce n'est pas en ruinant l'agriculture que certains de nos nationaux se sont enrichis avec le coton. Ce n'est pas en épuisant le trésor que quelques-uns de nos compatriotes ont créé l'armée et la marine, tracé les premiers canaux.

Nous pouvons rétablir notre suprématie sur le Nil à condition de nous dire comme disait autrefois les Pastré et les Mougel :

« L'Egypte c'est encore la France ! »

Or, il y a, avant tout, à se préoccuper de l'instruction publique qui n'est pas encore accaparée par l'Angleterre et qui, lentement mais sûrement, grâce à la supériorité intellectuelle de la France, peut, dans un avenir prochain, nous permettre de combattre victorieusement mais pacifiquement l'anglicanisme.

Au lieu de vouloir faire du pays un asile pour les nullités françaises ou anglaises, pour les gens sans aveu qui souvent ont eu maille à partir avec les tribunaux de leur patrie, il faudrait en revenir crânement à la devise : « L'Egypte aux Egyptiens ! » Mais aux Egyptiens qui auront puisé en Europe leur instruction et les idées civilisatrices. Au lieu de faire de l'Européen un Egyptien à peine supérieur aux indigènes, il faut faire de l'Egyptien un Européen, chose facile étant donnée la faculté d'assimilation que possède au plus haut point la race arabe.

Il faut donc garder entre nos mains l'instruction publique qui peu à peu s'est francisée, grâce à quelques professeurs sortant de nos universités.

Par l'instruction publique nous pouvons semer utilement les germes d'une nouvelle conquête pacifique du pays.

Le gouvernement français, en accordant aux enfants élevés

à Paris par l'État égyptien, certains avantages pécuniers, forcerait Nubar-Pacha à reprendre la question et augmenterait le nombre des jeunes arabes qui retournent dans leur pays francisés complètement. Fournissons à l'Égypte des médecins, des avocats ; fournissons-lui également les officiers dont elle aura besoin. Un sacrifice d'argent engagera le gouvernement égyptien à ne jamais nous enlever ses boursiers, et cet argent sera placé à de bons intérêts puisqu'il répandra l'amour du nom français sur le sol des Khédives.

Il est facile d'ouvrir aux boursiers égyptiens les écoles militaires françaises, comme nous leur ouvrons nos lycées et nos facultés. Il suffirait de leur accorder le titre de protégé français (que nous aimons à répandre en Orient et qui équivaut, en Égypte, à une sorte de naturalisation) dès qu'ils seraient admissibles dans une de nos écoles spéciales.

Ce système de fournir des officiers et des ingénieurs militaires devra contenter à la fois Moukhtar-Pacha et sir Dr. Wolf ; d'un côté, l'officier n'aura pas cessé d'être indigène, de l'autre il aura une instruction militaire supérieure qui, peu à peu, éliminera de l'armée les favoris de l'Angleterre.

Nos écoles peuvent encore donner à l'Égypte des ingénieurs civils (École centrale) dont Nubar-Pacha sera heureux de se servir pour exécuter les grands travaux d'irrigation si nécessaires au pays.

Car — il faut bien l'avouer — si dans l'armée et aux travaux publics nous sommes supplantés par les Anglais, c'est que nous ne fournissons plus à l'Egypte des colonel de Sèves et des Mougel.

C'est encore que nous nous imposons des sacrifices inutiles, au lieu de penser d'abord aux sacrifices nécessaires, qui ne seraient pas considérables, puisqu'en accordant aux Égyptiens des quarts de bourse dans les lycées français nous augmenterions le nombre des indigènes qui infuseraient dans leur pays le respect de notre protectorat moral et civilisateur.

Par l'instruction publique, il est facile de répondre à trois des désirs de Nubar-Pacha, élevé en France et en Suisse, appréciant dans nos littérateurs notre supériorité intellectuelle et sachant tous les bienfaits de notre enseignement par son fils Boghos, sorti de l'École centrale.

1° Nous remplacerons les employés européens inutiles par des employés indigènes élevés en France et que le gouvernement local aura tout intérêt à protéger puisqu'il aura fait les frais de leur éducation.

2° Nous fournirons aux travaux publics des ingénieurs qui, en exécutant les grands travaux d'irrigation, amélioreront le rendement des terres et rendront à l'agriculture cet essor que désire Nubar-Pacha.

3° La question pendante de l'armée égyptienne trouvera une solution satisfaisant à la fois la Turquie, l'Égypte et l'Angleterre — à notre grand avantage.

Par l'organisation de la justice, par l'extension de la compétence des tribunaux mixtes, en dehors de l'influence anglaise, nous supprimerons cette justice hybride des consulats, ce favoritisme pour telle ou telle autre nationalité. Au-dessus de l'amour-propre des consuls nous placerons le code Napoléon, et par l'égalité devant la loi, par le fonctionnement régulier des tribunaux internationaux ou indigènes, nous arriverons à ne plus redouter les empiètements abusifs de certains consulats au profit de certaines puissances.

L'instruction publique est donc notre meilleur agent en Égypte, profitons-en.

Ce moyen a été dédaigné sans doute parce qu'il n'attire

l'attention qu'après une étude approfondie du pays et de ses rouages administratifs.

Il est temps de revenir sur notre erreur passée.

Chaque jour, l'occupation armée de l'Angleterre nous enlève un des résultats conquis par un demi siècle de travail, de sacrifices.

Si nous ne nous hâtons, c'est le gouvernement britannique qui récoltera ce que nous avons semé. Nous aurons travaillé pour laisser à d'autres le résultat de notre travail.

Le protectorat armé a favorisé ses commerçants, ses industriels, ses banquiers aux dépens des nôtres. Il a placé dans les ministères ses non-valeurs avec de gros traitements. Il a tout envahi.

De sorte que, si cette situation se prolonge, l'Angleterre pourra retirer ses troupes sans que cesse, pour cela, le protectorat anglais, qui est comme la contre-partie de notre colonisation en Égypte, de notre protectorat moral, qui est la ruine irrémédiable de notre influence.

Tolérer cette déchéance ce serait infliger un démenti humiliant à toutes nos traditions historiques.

Et nous estimons que les nations n'ont pas le droit de faiblir au rôle qui leur est indiqué sur la scène de l'humanité.

Nous avons ensemencé l'Égypte ; nous n'avons pas le droit de laisser la moisson à d'autres.

FIN

TABLE DES MATIÈRES

Imprimerie de Poissy — S. Lejay et Cie.

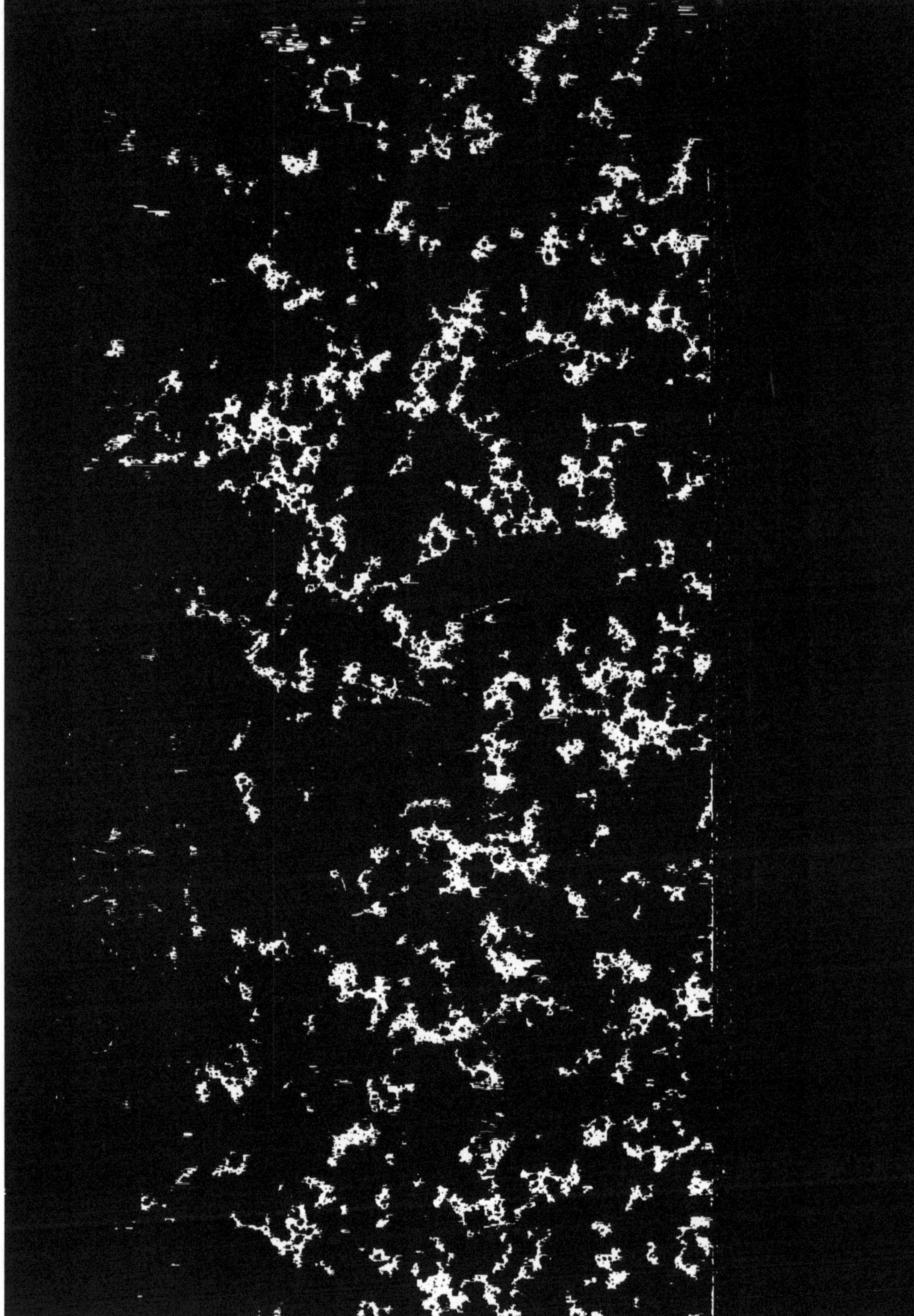

www.ingramcontent.com/pod-product-compliance
Ingram Content Group UK Ltd.
Pitfield, Milton Keynes, MK11 3LW, UK
UKHW012029240726
13965UKWH00002B/665